संस्कृति
कला एवं संगीत

उत्पत्ति तथा विस्तार

संस्कृति
कला एवं संगीत
उत्पत्ति तथा विस्तार

रीता धनकर

GYAN

भारत में सन् 2024 में प्रकाशित

ज्ञान पब्लिशिंग हाऊस
5, अंसारी रोड, दरियागंज,
नई दिल्ली–110002

वेब साइट: www.gyanbooks.com
ई–मेल: books@gyanbooks.com

Distribution Network
gyanbooks.com
India, USA, Canada, UK, Australia, France

संस्कृति कला एवं संगीत

उत्पत्ति तथा विस्तार

ISBN: 978-93-6280-655-0 (HB)

मुद्रित: ज्ञान प्रेस, दिल्ली

समर्पित

प्रेरणा स्रोत मेरे पति

प्रोफेसर राज सिंह धनकर

के लिए

अनुक्रम

भूमिका

यह पुस्तक लेखिका के लम्बे समय से पढने-पढ़ाने व शोध कार्य के अनुभव का निष्कर्ष प्रस्तुत करती है। लेखिका ने अपने कार्यकाल में मुख्यतः उत्तर भारत व दक्षिण भारत के संगीत की परम्परा, उत्थान व इन दोनों प्रकार के संगीत में समान्ताओं व विभिन्नताओं में काफी काम किया है। यहां यह भी देखने को मिला कि किसी भी प्रांत या देश की संस्कृति, कला तथा संगीत में गहरा सम्बंध है व एक-दूसरे के पूरक व प्रेरक भी हैं।

ऊपर लिखित विचार ही लेखिका को काफी समय तक सोचने-विचारने पर मजबूर करता रहा तथा इसी दिशा में अध्यन करने के लिए प्रेरित करता रहा। अन्ततः संस्कृति, कला एवं संगीत उत्पत्ति तथा विस्तार पर यह पुस्तक प्रस्तुत है। इस पुस्तक में कुल 13 अध्याय हैं।

पहला अध्याय मुख्यतः संगीत वाद्यों की उत्पत्ति व वाद्यों का भारतीय समाज में स्थान का विवरण करता है। मानव की क्रियाशील प्रवृति के कारण ही संगीत वाद्यों का जन्म हुआ। यह भी देखने को मिला है कि भारतीय समाज के दैनिक जीवन में वाद्यों का उपयोग होता रहा है। यह उत्तर और दक्षिण भारत दोनों में देखने को मिलता है। संगीत वाद्य भारतीय समाज में संगीत वाद्यों की प्रतिष्ठा का चरमोत्कर्ष है।

दूसरा अध्याय में भारतीय संगीत एवं उनके वाद्यों का परिचय विस्तार से दिया हैं भारतीय संगीत का एक सुनहरा इतिहास रहा है तथा अनेक तरह के वाद्यों की समय-समय पर उत्पत्ति होती रही है। हमारे यहां मुख्यतः

संगीत की परम्परा और वाद्यों को हिन्दुस्तानी तथा कर्नाटक शैली में बांटा गया है। मुख्यत: इन वाद्यों का परिचय प्राचीन काल, मध्यकाल व आधुनिक काल में विभाजित किया है।

तीसरे अध्याय में संगीत एवं उनके वाद्यों के विस्तार का वर्णन किया गया है। भारतीय संगीत की उत्पत्ति के संबंध में विद्वानों के जो मत प्राप्त होते हैं वे प्राय धार्मिक हैं अथवा किवंदतियों पर आधारित हैं। ऐतिहासिक आधार पर भारतीय शास्त्रीय संगीत का उद्‌गम स्थल सामवेद माना जाता है। उस काल में यज्ञ आदि अवसरों पर साम गायन करने की विशेष परम्परा थी। कालान्तर में यही सामवेद संगीत विकासक्रम से आधुनिक शास्त्रीय संगीत के रूप में परिणत हो गया। इस अध्याय में मुख्यत: संगीत की उत्पत्ति, संगीत का विस्तार क्षेत्र, नृत्य का विस्तार क्षेत्र तथा संगीत के मूल तत्व के बारे में बताया गया है।

चौथा अध्याय संगीत वाद्यों का वर्गीकरण एवं हरियाणा के लोक वाद्यों से सम्बन्धित है। विस्तृत अर्थ में किसी भी संगीतात्मक ध्वनि उत्पादक वस्तु को वाद्य की संज्ञा दी जा सकती है। इसके अंतर्गत प्रकृति प्रदत मानव कंठ को भी वाद्य के अंतर्गत सम्मिलित किया जा सकता है। संकुचित अर्थ में वाद्य का तात्पर्य मानव-निर्मित वाद्य से होता है जो संगीतोपयोगी स्वरों का सृजन करने के सक्षम हों। वाद्यों का वर्गीकरण करते समय प्राय आचार्यों ने संकुचित अर्थ में ही वाद्य शब्द को गृहण किया हैं वाद्यों का वर्गीकरण ताल वाद्य, घन वाद्य, तत वाद्य तथा सुषिर वाद्य के आधार पर विस्तार से दिखाया गया है।

अध्याय पांचवे में हिन्दुस्तानी संगीत के तत वाद्यों के बारे में है। तत वाद्य लकड़ी के बने ढांचे पर तांबे व लोहे के तार चढा कर उन पर मिजराब, गज या उंगलियों द्वारा प्रहार करके ध्वनि की उत्पत्ति करते हैं। तत वाद्यों को ही तन्त्र वाद्य भी कहा जाता है क्योंकि इन वाद्यों में तार लगे होते हैं। इस अध्याय में तत व वितत वाद्यों का जैसे सुरसिंगार, स्वरमंडल, रवाब, सारंगी, दिलरूबा, सितार, सरोद, तानपूरा, सुरबहार, इसराज इत्यादि का विस्तार से वर्णन किया है।

छटा अध्याय कर्नाटक संगीत के शास्त्रीय तत वाद्यों के बारे में है। भारतीय संस्कृति को गौरवशाली बनाने में कर्नाटक संगीत का बड़ा योगदान है। इस संगीत में हिन्दुस्तानी संगीत की तरह ही शास्त्रीय तत वाद्यों की प्रमुख भूमिका है। शास्त्रीय तत वाद्यों को कर्नाटक संगीत में बहुत महत्व मिला है जिनके भिन्न-भिन्न प्रकार मिलते हैं। ये वाद्य शास्त्र के अनुसार नियमबद्ध तरीके से बजते आ रहे हैं। इनमें मुख्यतः विभिन्न प्रकार की वीणाएं, सुरबीन अथवा गोटूवाद्यम और वाचलिन आदि प्रसिद्ध हैं।

सातवां अध्याय हरियाणा के लोक नृत्यों का विवरण करता है। लोक नृत्यों में देश की स्वतंत्र कला परम्परा, जन-तन की उमंगे, जीवन की मुस्कान, मनुष्य की सौन्दर्य उपासना और मन की बन्धनमुक्त उड़ान के दर्शन होते हैं। प्रत्येक जाति, वर्ग, क्षेत्र और काल की सीमाओं के बीच लोक नृत्य की अपनी परम्परा चली आ रही है। हरियाणा प्रान्त में भी लोक नृत्यों की बहुत पुरानी परम्परा है जो कि यहां के जन जीवन के सांस्कृतिक पक्ष को पूर्णतया उजागर करती है। हरियाणा के लोक नृत्य मुख्यतः धार्मिक नृत्य जैसे गुगा नृत्य, रामलीला, घुमर नृत्य, दीपक नृत्य इत्यादि। इसी तरह कुछ नृत्य सामाजिक नृत्य कहलाते हैं जैसे धमाल नृत्य, फाग नृत्य, ढफ नृत्य, रसिया नृत्य, ऋतु नृत्य, तीज नृत्य, झूला-झूलन नृत्य, सपेरा नृत्य, बारहमासिया नृत्य, सपेरा नृत्य आदि।

आठवें अध्याय में तुर्की के लोक नृत्यों के बारे में बताया गया हैं लोक संगीत, संगीत की बहुत सरल व सहज क्रिया होती है। यह देश-विदेश के रीति-रिवाज, रहन-सहन, खान-पान आदि भावनाओं को अभिव्यक्त करती हैं। तुर्की का लोक संगीत भी यही कहता है।

अध्याय नवें में हरियाणा की संस्कृति व इनके लोक गीतों का वर्णन किया गया है। संस्कृत की एक प्राचीन उक्ति के अनुसार किसी देश अथवा समाज के विभिन्न जीवन व्यापारों, सामाजिक सम्बंधों एवं मानव दृष्टि से प्रेरणादायक तत्वों को संस्कृति कहते हैं। हमारे जीवन का ढंग हमारी संस्कृति है। संस्कृति हवा में नहीं रहती, उसका मूर्तिमान रूप होता है। जीवन के नानाविद रूपों का समूह ही संस्कृति है। इस अध्याय में हरियाणा

की संस्कृति, यहाँ का लोक जीवन व यहाँ के लोक गीतों का विस्तार से वर्णन किया है।

दसवें अध्याय में हरियाणा के लोक संगीत की व्याख्या की गई है। प्राचीन लोक संगीत परम्पराओं में उत्तर भारत के लोक संगीत की परम्पराओं का एक बड़ा भाग हरियाणा की धरती पर ही विकसित हुआ है। हरियाणा के लोक संगीत को प्रमुख चार प्रणालियों में विभाजित किया जा सकता है जैसे होली राग व नगाडा वादन, लोक राग, किस्सा राग व आल्हा और सांग संगीत।

हरियाणा तथा पंजाब के लोक संगीत की विशेषता का वर्णन अध्याय ग्यारहवें में किया गया है। लोक संगीत अपने व्यापक अर्थ में सम्पूर्ण मानव जाति पर चरितार्थ होते हुए भी समान्यता ग्रामीण जनता की भावना की स्वाभाविक अभिव्यक्ति है। लोक संगीत के प्रमुख तत्व-स्वर, भाषा, लय तथा ताल हैं।

बारहवें अध्याय में बहुत सरल तरीके से लोक संगीत व शास्त्रीय संगीत का विवेचन किया गया हैं लोक संगीत चाहे शास्त्रीय संगीत का प्रेरणास्त्रोत रहा हो और दोनों में आधारभूत संगीतात्मक तत्वों की समानता भी रही हो परन्तु फिर भी दोनों में रचनात्मक तत्वों में एवं भावात्मक अभिव्यक्ति के स्वरूप में निश्चित रूप से अन्तर है।

भारत में आधुनिक कला का उत्थान तेरहवें अध्याय में विस्तार से किया गया है। मैं आशा और विश्वास करती हूँ कि संगीत में रूचि रखने वाले जिज्ञासु पाठक इस पुस्तक को पढ़ेंगे।

रीता धनकर

पूर्व प्रोफेसर, संगीत विभाग,

भगिनी निवेदिता कालेज,

दिल्ली विश्वविद्यालय, नई दिल्ली।

अध्याय - 1

संगीत वाद्यों की उत्पत्ति व उनका भारतीय समाज में स्थान

वाद्यों की उत्पत्ति

जब सृष्टि के प्रारम्भिक काल में मानव का अवतरण हुआ, तभी से लय प्राकृतिक रूप में ही मानव में व्याप्त थी क्योंकि सम्पूर्ण ब्रह्माण्ड ही लयबद्ध है। उसी प्रकार सम्पूर्ण सृष्टि ही नादात्मक भी है। खुशियाँ या उत्सवों के अवसर पर वह अपने हृदय की उमड़ती भावनाओं को गायन तथा नृत्य के माध्यम से प्रकट करता था। उस युग में नृत्य की तालात्मक संगति नृत्यकारों द्वारा स्वयं ही सम्पादित की जाती थी। वे ताल का निर्धारण अपने पैरों को पटक कर या दोनों हथेलियों से ताली देकर करते थे। प्राकृतिक रूप से उपलब्ध वस्तुओं में से कुछ का चयन कर लय हेतु घन वाद्यों का सृजन किया। उसकी लयात्मक चेतना ने आंगिक चेष्टाओं एवं लय वाले वाद्यों का मानकीकरण भी किया। शनेः-शनेः लयात्मक वाद्यों में घुंघरू, घंटी, करताल आदि का प्रयोग होने लगा। वैदिक साहित्य में "आघटि" नामक वाद्य का उल्लेख प्राप्त होता है जो मंजीरा का ही प्राचीन रूप था। इस प्रकार सांगीतिक वाद्यों में सर्वप्रथम घन वाद्यों का सृजन हुआ।

मानव की क्रियाशील प्रवृति से घन वाद्यों के अविष्कार के साथ-साथ अन्य वर्ग के वाद्यों का जन्म हुआ। मुख द्वारा सीटी की ध्वनि उत्पन्न करने की क्रिया ही सुषिर वाद्यों की जननी है जब भाषा का अविष्कार नहीं हुआ

था, तब मानव विभिन्न संकेतों तथा अस्फुट स्वरों के द्वारा अपने विचारों का आदान-प्रदान करता था। मुख द्वारा सीटी की ध्वनि बजाना भी इसी अस्फुट स्वरों में निहित था। इसके पश्चात् उसने कौतूहलवश वृक्ष के पत्तों तथा काष्ठ के छोटे टुकड़ों को बाँध करके उसे मुख में लगाकर ध्वनि निकालने का प्रयत्न किया। विकास के प्रथम चरण में ही मानव ने नरसल, बशं, शंख तथा श्रृंग में फूंककर ध्वनि निकालने की क्रिया को सीख लिया होगा क्योंकि ये वस्तुएँ उस काल में सरलता पूर्वक प्राप्त हो जाती थीं। कालान्तर में उसने इस कार्य के लिए मिट्टी का भी उपयोग किया। सभ्यता के विकास के साथ-साथ उसने अन्वेषण कर वंशी में स्वरों को भी स्थापित किया जो पूर्व वैदिक काल तक सम्पन्न हो चुका था। वेदों में नाड़ी, तूणव, शंख आदि सुषिर वाद्यों का कई स्थलों पर उल्लेख इसकी पुष्टि करता है। इसके पश्चात् अन्य सुषिर वाद्यों का भी निर्माण किया।

सुषिर वाद्यों के अविष्कार के पश्चात् ही अवनद्ध वर्ग के वाद्यों का सृजन हुआ क्योंकि बंशी, शंख आदि सुषिर वाद्यों को वादन योग्य बनाने के लिए केवल एक ही उपकरण की आवश्यकता होती थी, जबकि अवनद्ध वाद्यों को वादन योग्य बनाने में चर्म, काष्ठ आदि कई उपकरणों की आवश्यकता पड़ती थी, जिनमें कुछ मानव-निर्मित उपकरण भी सम्मिलित होते थे। यह सर्वविदित है कि प्रकृति प्रदत्त उपकरणों की तुलना में मानव-निर्मित उपकरणों का विकास बाद में हुआ। आदि मानव विभिन्न जानवरों को मारकर उनके मांस का भक्षण करता था एवं शीत आदि प्रकोपों से बचने के लिए उसके चर्म को अपने शरीर पर धारण कर लेता था। उन चर्मों को धारण योग्य बनाने के लिए उसे तान कर किसी कड़क वस्तु से वह उसे पीटता रहा होगा, जिससे गंभीर नाद उत्पन्न हुआ होगा उससे प्रेरणा प्राप्त कर उसने अपनी कल्पनानुसार अवनद्ध वाद्य का सृजन किया। प्रारम्भिक अवनद्ध वाद्य अपने सरलतम् रूप में प्रचलित थे। उदारहणार्थ-भूमिदुन्दुभि, जिसे भूमि के अन्दर गड्ढा कर लेने के पश्चात् उसके ऊपर किसी जानवर के चर्म को आच्छादित कर बजाया जाता था। वैदिक कालीन अवनद्ध वाद्यों में दुन्दुभि, पणव, ठक्का, भेरी आदि का प्रचलन था। कालान्तर में इन वाद्यों का और भी विकास हुआ तथा उन पर

स्याही लगा कर मृदंग, तबला आदि वाद्यों का निर्माण हुआ। सभ्यता के विकास के साथ-साथ मानव ने अवनद्ध वाद्यों को संचार का भी माध्यम बनाया। इन वाद्यों पर उत्पन्न विभिन्न प्रकार की ध्वनियाँ निश्चित संकेत प्रदान करती थीं।

अवनद्ध वाद्यों की उत्पत्ति के पश्चात् तन्त्री वाद्यों की उत्पत्ति की तरफ मानव का ध्यान गया। आदि मानव जब धनुष-बाण से जानवरों का शिकार करता था, तब बाण को धनुष पर चढ़ा कर छोड़ते समय उससे एक प्रकार की ध्वनि उत्पन्न होती थी। बार-बार इन ध्वनियों को श्रवण करने पर उसने उसके आधार पर एक वाद्य के निर्माण की कल्पना की जिसने तन्त्री वाद्य के रूप में जन्म लिया। प्रारम्भिक काल में उसने इन वाद्यों में धातु निर्मित तन्त्रियों के स्थान पर जानवरों के तन्तुओं का उपयोग किया। धातुओं के अन्वेषण के पश्चात् उसने लोहा, तांबा, पीतल आदि धातुओं से निर्मित तन्त्रियों को व्यवहार में लाना प्रारम्भ किया। सभ्यता के विकास के साथ-साथ उसने अन्वेषण करके तन्त्री वाद्यों के स्वरूप बनावट आदि में भी परिवर्तन किया। वैदिक साहित्य में वीधा, बाण, कर्करि आदि कई तरह की तन्त्री वाद्यों का वर्णन प्राप्त होता है, जिसका कालान्तर में और भी विकास करके आधुनिकतम् रूद्र वीणा, तंजौरी वीणा, सितार आदि वाद्य आदि का सृजन किया गया। इस देश में गज से बजाए जाने वाले तन्त्री वाद्य का भी निर्माण बहुत प्राचीन काल में हो चुका था। रावण ने "रावण हत्था" नामक तन्त्री वाद्य का आविष्कार किया था, जिसे गज से बजाया जाता था। इसी का ही परिमार्जित रूप आधुनिक बेला वाद्य (Violin) है। इस प्रकार तंत्री वाद्यों की उत्पत्ति एवं विकास सबसे बाद में हुआ है। यहाँ इस बात का उल्लेख करना आवश्यक है कि उपर्युक्त चारों वर्ग के वाद्यों की उत्पत्ति-क्रम में कोई स्पष्ट विभाजन रेखा नहीं खींची जा सकती है, क्योंकि उसके लिए अत्यंत ठोस प्रमाण की आवश्यकता होगी, जिसका नितान्त अभाव पाया जाता है।

वाद्यों का समाज में स्थान

वैदिक काल में ही संगीत वाद्य भारतीय समाज का मुख्य अंग बन गया

था। उस काल में यज्ञ-यज्ञादिक कृत्यों पर सामगान के गायन की परम्परा थी। उस समय संगीत की संगति वीणा, वेणु और मृदंग पर होती थी। सामान्य जनों के मनोरंजनार्थ जो लौकिक संगीत प्रचलित था, उसमें भी विभिन्न वाद्यों का प्रयोग होता था। कालान्तर में देवालयों, युद्धस्थलों, रंग-भवनों आदि के साथ-साथ प्रत्येक सामाजिक एवं धार्मिक कृत्यों पर भी वाद्यों का वादन किया जाने लगा। राजा एवं देवों की विभिन्न क्रिया-कलापों की सूचना भी वाद्यों के माध्यम से दी जाने लगी। वात्स्यायन के काल में अच्छा नागरिक बनने के लिए वीणा, मृदंग आदि के संगीत को सीखना आवश्यक माना जाने लगा। चाणक्य ने तो गुप्तचरों को शत्रु-दुर्ग में रहकर उनके आक्रमण आदि की सूचना शंख तथा दुन्दुभि वाद्यों के माध्यम से देने का निर्देश दिया था। हिन्दुओं के कुछ देवी-देवताओं की कल्पना बिना उनके प्रिय वाद्यों को दर्शाए की ही नहीं जा सकती थी, उदाहरणार्थ, नटराज शिव का डमरू, काव्य एवं संगीत की अधिष्ठात्री मां सरस्वती की वीणा, श्रीकृष्ण की बंशी आदि। इस प्रकार प्राचीन काल से ही संगीत कला एवं उसके वाद्यों ने भारतीय समाज को जीवन्तता प्रदान की है।

भारतीय संगीत के वाद्यों की अन्धकारमय स्थिति तब प्रारम्भ हुई, जब यहां मुसलमानी शासन स्थापित हुआ। उस काल में अत्यंत सुनियोजित ढंग से प्राचीन कालीन भारतीय संस्कृति को नष्ट करने का प्रयत्न किया गया, जिसका दुष्प्रभाव भारतीय संगीत एवं उसके वाद्यों पर भी पड़ा। संगीत, शाही दरबार के भोग-विलास का साधन बन गया। जनता में संगीत एवं वाद्यों के वादन सीखने की प्रवृति मंद पड़ गई। यही कारण है कि नाट्यशास्त्र, संगीत-रत्नाकर आदि संगीत-ग्रंथों में उल्लिखित वीणाओं के विविध प्रकार तथा अवनद्ध वाद्यों के अनेकानेक भेद मुस्लिम शासन-काल में लुप्त हो गए। संगीत वाद्यों की यही स्थिति अंग्रेजी शासन-काल तक बनी रही।

स्वतंत्रता प्राप्ति के पूर्व तक भारतीय समाज के लोगों द्वारा मांगलिक उत्सवों, विभिन्न त्यौहारों, धार्मिक स्थलों आदि पर संगीत के तो आयोजन सदैव कराए जाते थे किन्तु उनके द्वारा स्वयं गायन-वादन करना सामाजिक प्रतिष्ठा के प्रतिकूल माना जाता था। इस तथ्य की पुष्टि पंडित विष्णु दिगम्बर पलुस्कर जी ने भी की है।

इस कारण विभिन्न वाद्यों के वादकों की संख्या समाज में सीमित रह गई। मांगलिक पर्वों एवं त्यौहारों के अवसर पर शहनाई, नागस्वरम् आदि धार्मिक अनुष्ठानों के समय मुखवीणा, शंख, मृदंग, घण्टा आदि वाद्यों का उपयोग होता था। इन वाद्यों के अतिरिक्त समाज में सितार तबला, बंशी आदि वाद्यों का प्रचार एक सीमित घेरे के अन्दर था। जब भारत स्वतंत्र हुआ तो यहां के संगीतज्ञों, नागरिकों एवं राष्ट्रनायकों के सहयोग से संगीत तथा उसके वाद्यों को अपना खोया हुआ प्राचीन गौरव पुनः प्राप्त करने का सुअवसर प्राप्त हुआ। संगीत ने भारतीय जन-मानव को अपनी भावभीनी संगीत-लहरी से इस प्रकार आप्लावित कर लिया है कि धर्म-ग्रंथों के आदेशों के विरुद्ध भी लोग अपनी संगीतप्रियता को नहीं त्याग सके हैं। कुरान में संगीत के प्रति अधिक उदासीनता व्यक्त की गई है, किन्तु मुसलमान लोग भी अपने विभिन्न संस्कारों के अवसर पर गायन-वादन से युक्त संगीत-लहरी का आस्वादन करते और कराते हैं। इस सदी के प्रख्यात गायक उ. फैय्याज खाँ, बड़े गुलाम अली खाँ, उ. अमीर खाँ एवं प्रसिद्ध सितार वादक उ. विलायत खाँ, उ. अब्दुल हलीम जाफर खाँ, उ. रईस खाँ (सितार), उ. अल्लारक्खा खाँ, उ. अहमदजान थिरकुआ (तबला), उ. बिस्मिल्ला खाँ (शहनाई) आदि मुस्लिम सम्प्रदाय के ही अनुयायी हैं। जब हम समाज के धार्मिक एवं अन्य कृत्यों का अवलोकन करते हैं, तो देखते हैं कि संगीत उसका अनिवार्य अंग बन गया है। प्रायः प्रत्येक देवालयों में डमरू, शंख, घण्टा आदि का वादन अवश्य होता है। विभिन्न पर्वों, त्यौहारों, हर्ष तथा ऋतु उत्सवों आदि पर संगीत की शहनाई गूंजती रहती है। गायन-वादन को फाग के अवसर पर वृन्दावन में बैसाखी के अवसर पर पंजाब में, दुर्गा-पूजा तथा सरस्वती-पूजा के अवसर पर बंगाल में किया जाता है इस प्रकार भारतीय समाज में वाद्यों का प्रमुख स्थान बन गया है।

मांगलिक पर्वों तथा सामाजिक संस्कारों के अवसर पर समस्त उत्तरी भारत, मध्य प्रदेश, गुजरात, महाराष्ट्र आदि प्रदेशों में शहनाई-वादन तथा दक्षिण भारतीय प्रदेशों में नागस्वरम् वादन कराने की एक परम्परा बन गई है। घरों के अन्दर गृहणियां भी ढोलक की संगति में गायन करने लगती हैं। मांगलिक पर्वो पर प्रयुक्त वाद्य समधुर स्वर-लहरियों से निनादित होते रहते

हैं जबकि धार्मिक एवं युद्ध स्थलों पर वादन किए जाने वाले वाद्य गंभीर होते हैं।

मांगलिक पर्वों पर वादन किए जाने वाले वाद्य प्राय: हर्षोत्पादक तथा उच्च ध्वनि से युक्त होते हैं। विभिन्न त्यौहारों पर वादन किए जाने वाले वाद्यों से स्वरों का आनन्द तो कम प्राप्त होता है, किन्तु उल्लास अधिक मात्रा में प्रकट होता है। अन्य समारोहों के अवसर पर वादन किए जाने वाले वाद्य आनन्ददायक होते हैं। इन भिन्न-भिन्न वाद्यों के श्रवण मात्र से ही उनके वादन उद्देश्य का पता चल जाता है। शहनाई या नागस्वरम् वादन के श्रवणमात्र से ही यह अनुमान कर लिया जाता है कि शादी-विवाह आदि या कोई मंगल-कार्य सम्पन्न हो रहा है। इसे ही वाद्यों का प्रतीकात्मक स्वरूप कहा जाता है।

भारतीय समाज के दैनिक जीवन में भी वाद्यों का उपयोग होता है। बच्चा ज्यों ही थोड़ा बड़ा होता है तो उसे बंशी, डफली, सीटी, घुनघुना आदि दे दिया जाता है। इन वाद्यों से वह अपने जीवन का प्रारम्भ करता है। भगवान का कीर्तन या पूजा-पाठ शंख, करताल, घण्टी आदि के बिना पूर्ण ही नहीं होता है। भिक्षा मांगते समय भिक्षुओं तथा साधुओं द्वारा श्रुंग, शंख आदि का उपयोग होता है। दक्षिण भारत में दसरीज एवं ऐन्डिस नामक भिक्षुओं द्वारा कई वाद्यों का वादन किया जाता है। उनके इस वाद्य-समूह को वहां के लोग 'मेला' कहते हैं। किसी-किसी 'मेला' में एक मुखवीणा, एक बंशी, एक सीधी बांसुरी, एक आधार-स्वर देने वाला वाद्य तथा एक ढंकी नामक अवनद्ध वाद्य भी सम्मिलित रहता है। अत: संगीत वाद्य भारतीय समाज में संगीत वाद्यों की प्रतिष्ठा का चरमोत्कर्ष है।

संदर्भ ग्रन्थ-सूचि

1. प्राचीन भारत में संगीत: डॉ. धर्मावती श्रीवास्तव; प्रकाशन भारतीय ज्ञानपीठ, वाराणसी; 1967
2. भारतीय संगीत का इतिहास: डॉ. शरच्चन्द्र श्रीधर परांजये; चौखम्बा प्रकाशन, वाराणसी; 1969

3. भारतीय संगीत वाद्यः डॉ. लालमणि मिश्र; भारतीय ज्ञानपीठ प्रकाशन, नई दिल्ली; 1973
4. संगीत चिन्तामणिः आचार्य बृहस्पति एवं श्रीमति सुमित्रा कुमारी, लक्ष्मीनारायण गर्ग; संगीत कार्यालय, हाथरस (उ.प्र.); 1966
5. संगीत पद्धतियों का तुलनात्मक अध्ययनः पं. भातखण्डे, संगीत कार्यालय, हाथरस; 1958
6. श्रुति-वीणाः डॉ. लालमणि मिश्र; 1964

अध्याय - 2

भारतीय संगीत एवं उनके वाद्यों का परिचय

भारतीय संगीत का एक सुनहरा इतिहास रहा है। अनेक तरह के वाद्यों की समय-समय पर उत्पत्ति होती रही है। मुख्यता हमारे यहाँ संगीत की परम्परा और वाद्यों को हिन्दुस्तानी तथा कर्नाटक शैली में बांटा गया है। भारतीय संगीत ने राजा-महाराजा के दरबारों से होते हुए गुरु-शिष्य पद्धति को मानते हुए और अब महाविद्यालय तथा विश्वविद्यालयों से होते हुए एक बहुत लम्बा और गौरवशाली सफर तय किया है। हम भारतीय संगीत व उनके वाद्यों को विभिन्न कालों में अध्ययन करके समझ सकते हैं।

प्राचीन काल

मोहन जोदड़ों एवं हड़प्पा की खुदाई से प्राप्त लगभग ईसा से 3,000 वर्ष पूर्व के काल की नृत्यांगन की मूर्ति स्पष्ट रूप से संकेत करती है कि वैदिककाल से भी पूर्व सिन्धु घाटी की सभ्यता के काल में भारतीय संगीत का उद्‌भव हो चुका था। उस काल का संगीत किस प्रकार का था, इसका स्पष्ट उल्लेख कहीं प्राप्त नहीं है। किन्तु यह सर्वमान्य है कि उस काल में संगीत कला का उदय हो चुका था, भले ही वह अर्द्ध विकसित रही हो। आधुनिक भारतीय शास्त्रीय संगीत का प्रादुर्भाव वैदिककालीन सामगान से माना जाता है। इसकी पुष्टि इस बात से होती है कि सामवेद का उपवेद गान्धर्ववेद माना गया है। वैदिक काल में ऋग्वेद की कुछ ऋचाओं का सस्वर पाठ किया जाता था। उन्हीं गेय ऋचाओं को अलग कर उन्हें "सामगान' की संज्ञा प्रदान की गई।

वैदिक काल में तीन प्रकार के स्वरान्तरों का प्रयोग होता था। यज्ञ प्रयोगों में ऋचाओं का गायन केवल एक स्वर से सम्पन्न होता था, जिसे 'आर्थिक' कहा जाता था। ब्राह्मण-वाक्य तथा गाथाओं का उच्चारण दो स्वरों से होता था, जिसे 'गाथिक' कहा जाता था। सामगान का गायन-व्यापार प्रमुख रूप से तीन स्वरों से सम्पन्न होता था, जिसे 'सामिक' कहा जाता था।

इन तीन स्वरों को क्रमशः उदात्त, अनुदात्त तथा स्वरित की संज्ञा दी गई थी। सामवेद के इन स्वरों को 1, 2, 3 संख्याओं से लिपिबद्ध किया जाता था। कालान्तर में इन स्वरों का और भी विकास हुआ तथा तीन की जगह सात स्वरों का प्रयोग होने लगा, जिनके नाम क्रमशः कुष्ट, प्रथम, द्वितीय, तृतीय, चतुर्थ, मन्द तथा अतिस्वर थे। मन्द, मध्यम तथा उत्तम इन तीनों सप्तकों का प्रयोग होने लगा। ये तीन सप्तक के प्रत्येक स्थान में सात स्वरों का गान किया जा सकता था।

वैदिक कालीन तन्त्री वाद्यों में वीणा, सर्वाधिक प्रमुख वाद्य था जिसके अनेक भेद प्रचलित थे, उदाहरणार्थ बाण, कर्करि, काण्डवीणा, कात्यायनी, विपृची, पिनाकी आदि। वैदिक कालीन स्वरों का क्रम अवरोही था। इनके प्रारंभिक स्वरों को लेकर उस काल के आचार्यों में मतभेद था। कुछ आचार्य सामगान का आरम्भ कुष्ट स्वर से तथा कुछ आचार्य प्रथम स्वर से मानते थे। उस काल में सामान्य जनों के मनोरंजन के लिए लौकिक संगीत का भी प्रचलन था, जिनमें सप्त स्वरों का प्रयोग होता था।

पाणिनी काल में कुशल गायक, गायिका तथा गाथा नामक गीत के गायक को क्रमशः 'गायन', 'गायनी' एवं 'गाथक' कहा जाता था। बौद्धकालीन साहित्य में तन्त्री वाद्यों के अन्तर्गत विपंची, परिवादिनी, वल्लकी, महती, नकुली, कच्छपी आदि वीणाएं, सुषिर वाद्यों के अन्तर्गत शंख, तूर्य, कुराल, शृंग, अवनद्ध वाद्यों के अंतर्गत मृदंग, पणव, भेरी, दुन्दुभि तथा धन वाद्यों के अंतर्गत घण्टा, भल्लरी, कांस्यताल आदि का उल्लेख बहुत बार हुआ है। जैन ग्रंथों में भी गांधर्व को लौकिक ज्ञान के अंतर्गत माना गया है। वैदिक बाङ्मय की उदात्त, अनुदात्त तथा स्वरित वाली

स्वरोच्चारण प्रणाली जैन सुत्तों के पठन-पाठन में भी प्रचलित थी। तन्त्री वाद्यों के अन्तर्गत विपंची वीणा का विशेष प्रकार था। सुषिर वाद्यों के अन्तर्गत वेणु, शंख, अवनद्ध वर्ग के अन्तर्गत मृदंग, पणव, भेरी, दुन्दुभि, पटह तथा घन वर्ग के अन्तर्गत झर्झर, करताल आदि वाद्य प्रचलित थे।

सातवीं सदी में मतंग मुनि ने बृहदेशी नामक संगीत ग्रन्थ रचा, जिसके काल के विषय में थोड़ा सा मतभेद पाया जाता है। स्वतंत्र रूप से संगीत का प्रतिपादन करने वाले उपलब्ध ग्रन्थों में 'ब्रहद्देशी' का नाम सर्वोपरि है, किन्तु दुर्भाग्यवश यह ग्रन्थ खण्डित अवस्था में प्राप्त है। यह अनुमान किया जाता है कि इस ग्रंथ में वाद्याध्याय भी रहा होगा जो अब लुप्त हो गया है। इस काल में रागों के गायन का भी प्रचलन आरम्भ हो गया था। दसवीं सदी में कश्मीर निवासी आचार्य अभिनवगुप्त ने भरत मुनि के 'नाट्यशास्त्र' पर एक विस्तृत एवं प्रामाणिक टीका लिखी तथा उस ग्रन्थ का नाम 'अभिनव भारती' रखा।

कालिदास ने अपने ग्रन्थ 'मालविकाग्निमित्र' में संगीत को 'शिल्प' संज्ञा के अन्तर्गत आविर्भूत किया है। उन्होंने अन्तःपुर की गायिकाओं तथा वादिकाओं को 'शिल्पकारि' संज्ञा से सम्बोधित किया है। उस काल में नृत्य तथा अभिनय को शिक्षा संगीतशालाओं में भी दी जाती थी, जो राज्याश्रय से संचालित होते थे। इस काल के प्रमुख वाद्यों में वीणा, वेणु, शंख, तूर्य, मृदंग, दुन्दुभि, पटह, पणव, भेरी आदि का विशेष प्रचलन था।

मध्यकाल

13 वीं सदी में भारतवर्ष पर मुसलमानों के आक्रमण के कारण भारतीय नागरिकों (विशेषतया उत्तरी तथा मध्य भारत) के दैनिक जीवन पर प्रभाव पड़ा था, जिसका दुष्प्रभाव भारतीय संगीत पर भी पड़ा। उनके आक्रमण से मुक्ति पाने के लिए उत्तर भारतीय संगीतज्ञ दक्षिणांचल की ओर प्रस्थान करने लगे। मुसलिम शासकों ने भारतीय संस्कृति को नष्ट करने के उद्देश्य से यहाँ के कितने ही ग्रन्थालयों को अग्नि की भेंट चढ़ा दिया, जिससे अनेक बहुमूल्य संगीत-ग्रन्थ नष्ट हो गए। आज हम उन ग्रन्थों का मात्र नामोल्लेख कर पाते हैं। इन्हीं मुस्लिम शासकों के कारण यहाँ का प्रचलित

वैदिक संगीत लुप्तप्राय हो गया। लोक में प्रचलित शास्त्रीय संगीत भी सामान्य जनता के घेरे से उठकर शाही दरबारों में सीमित हो गया। इस तरह पूर्ववर्ती मध्यकाल में भारतीय संगीत के प्राचीन परम्परा के समाप्त हो जाने का खतरा उत्पन्न हो गया था। इस वातावरण में भारतीय शास्त्रीय संगीत की परम्परा को अक्षुण्ण बनाए रखने के उद्देश्य से पंडित शारंगदेव को 'संगीत रत्नाकर' ग्रंथ की रचना करनी पड़ी। स्वतंत्र रूप से संगीत विषय पर प्रतिपादित ग्रंथों में इस ग्रंथ का सर्वाधिक महत्वपूर्ण स्थान है जिसे उत्तरी एवं दक्षिणी भारत के संगीतज्ञ अपने-अपने संगीत का आधार ग्रंथ मानते हैं। इस ग्रंथ में कुल सात अध्याय हैं। प्रथम अध्याय-स्वराध्याय, द्वितीय अध्याय- रागविवेकाध्याय, तृतीय अध्याय-प्रकीर्णक अध्याय, चतुर्थ अध्याय-प्रबन्ध अध्याय, पंचम अध्याय-ताल अध्याय, छठे अध्याय वाद्य अध्याय, सातवें अध्याय-नर्तन अध्याय के अन्तर्गत नाट्य तथा नृत्य आदि के प्रकरण पर सविस्तार उल्लेख किया गया है। वस्तुतः संगीत का यह ग्रंथ है, जिसमें संगीत संबंधी सभी विषयों पर विवेचन किया गया है।

लगभग तेरहवीं सदी में ही चालुक्य अधिपति सोमेश्वर तृतीय ने 'मानसोल्लास' नामक संगीत ग्रंथ का सृजन किया। चौदहवीं सदी के प्रारंभ तक भारतवर्ष पर सुल्तान अलाउद्दीन खिलजी का पूर्ण अधिपत्य हो गया था। उनके शासन-काल (1296 ई0 से 1315 ई0 तक) में हजरत अमीर खुसरो ने फारसी मुकाम के आधार पर अनेक नवीन रागों का सृजन किया तथा कव्वाली तराना एवं ख्याल (छोटा) शैलियों का आविष्कार कर अपने शिष्यों द्वारा उनका प्रचार किया जो भारतीय संगीत के लिए उनकी महान् देन हैं। इस काल में 'संगीतसमयसार' नामक ग्रंथ की रचना की गई। इसी सदी के अन्य प्रमुख संगीत गंथों में 'संगीतसार' नामक ग्रंथ उल्लेखनीय है। 'संगीतसार' में कर्नाटक संगीत पद्धति के पन्द्रह मेलों के विषय में सर्वप्रथम उल्लेख हुआ है। इस सदी के अन्य प्रमुख संगीत ग्रंथों में लोचनकवि लिखित 'राग तरंगिणी' है।

16 वीं सदी के उत्तरार्द्ध में पुंडिरीक विट्ठल ने 'राममंजरी', 'रागमाला', सदरागचन्द्रोदय तथा 'नृत्यनिर्णय' नामक संगीत ग्रंथों की रचना की जिसके अवलोकन से यह स्पष्ट होता है कि उन पर कर्नाटक एवं हिन्दुस्तानी दोनों

संगीत पद्धतियों का प्रभाव था। इसके समसामयिक ग्रंथों शुभंकर द्वारा लिखित 'संगीत दामोदर', श्री कण्ठरचित 'रसकौमुदी'- जो राग-रागिनी पद्धति के प्रमुख ग्रंथ माने जाते हैं तथा रामामात्य लिखित 'स्वरमेलकलानिधि' है, जो कर्नाटक संगीत पद्धति का आधार ग्रंथ माना जाता है। इसी सदी में राजा मानसिंह तोमर ने 'घ्रुवपद' गायन का आविष्कार किया तथा अपने निर्देश पर तत्कालीन आयोजित संगीत समारोह का संपूर्ण विवरण 'मान कुतूहल' नामक ग्रंथ में अंकित कराया। इस काल में बादशाह अकबर के दरबार में छत्तीस संगीतज्ञ नियुक्त थे, जिनमें तानसेन का नाम सर्वप्रमुख था और वे उनके दरबार के नवरत्नों में से एक थे। तानसेन के विषय में प्राय: यह कहा जाता है कि संगीत इतिहास में ऐसा उत्कृष्ट गायक अभी तक उत्पन्न ही नहीं हुआ।

इस युग में ध्रुवपद गायन शैली का विशेष प्रचार था। इसी काल में सुप्रसिद्ध संगीतज्ञ बैजू बावरा ने होरी-गायन की शैली तथा धमार ताल का आविष्कार किया। सन् 1605 ई0 से 1627 ई0 तक अधिकतर भारतीय क्षेत्रों पर जहांगीर का अधिपत्य था वे भी संगीत में विशेष रुचि रखते थे। उनके दरबार में बिलास खाँ (तानसेन का पुत्र), छत्तर खाँ जैसे सुप्रसिद्ध गायक नियुक्त थे। आधुनिक बिलासरवानी तोड़ी राग इन्हीं बिलास खाँ द्वारा आविष्कृत हुआ है। जहाँगीर के पश्चात् उनकी गद्दी पर सन् 1628 ई0 में शाहजहाँ बैठे। उनके शासन काल में संगीतज्ञों का आदर होता था। किन्तु शाहजहाँ का पुत्र औरंगजेब जो सन् 1658 ई0 में गद्दी पर बैठा था, संगीत का इतना कट्टर शत्रु था कि उसने संगीत वाद्यों को दफना दिये जाने के आदेश दे दिए थे।

17 वीं सदी के पूर्वार्द्ध में जिन संगीत ग्रंथों की रचना हुई, उनमें अहोबल-रचित 'संगीत पारिजात', दामोदरपंडित रचित 'संगीतदर्पण', सोमनाथ रचित 'राग-विबोध', गोविन्ददीक्षित रचित 'संगीत सुधा' एवं व्यंकटमुखी रचित चतुदण्डि-प्रकाशिका आदि प्रमुख हैं। 17 वीं सदी में श्री निवासकृत 'रागतत्वविवोध', हृदय नारायण देव कृत 'हृदयकौतुक', तथा हृदयप्रकाश एवं भावभट्ट कृत 'अनूप संगीत विलास' आदि प्रमुख हैं।

17 वीं सदी के पूर्वार्द्ध में मुगलवंश के अन्तिम बादशाह मुहम्मद शाह 'रंगीले' का शासन काल (1719 ई0 से 1740 ई0 तक) था जिसमें भारतीय संगीत का पुनरूत्थान हुआ। उनके शासन-काल में सुप्रसिद्ध गायक नियामत खाँ (उपनाम सदारंग) एवं उनके पुत्र फिरोज खाँ (उपनाम अदारंग) ने ख्याल शैली के सैंकड़ों नवीन बन्दिशों की रचना करके उसके गायन का प्रचार किया। इसी काल में कर्नाटक संगीत पद्धति के प्रवर्तक त्यागराज ने सैंकड़ों कृतियों की रचना कर उसका खूब प्रचार एवं प्रसार किया।

इस प्रकार मध्यकाल में वैदिक कालीन संगीत परम्परा का अवसान हो गया। उसके स्थान पर गान्धर्व का विशेष प्रचार हुआ। इसके अन्तर्गत पहले तो प्रबन्ध एवं ध्रुवदगान विशेष प्रचलित थे, किन्तु उसके बाद ख्याल शैली का प्रचलन अधिक हो गया। इस युग में सितार तथा तबला इन दो वाद्यों का विशेष प्रचार हुआ। इन वाद्यों के आविष्कर्ता के रूप में प्राय: अमीर खुसरो का नाम लिया जाता है जो भ्रान्तिपूर्ण है। इन भ्रान्तियों का उन्मूलन डॉ0 लालमणि मिश्र ने अपने शोध-प्रबंध जो 'भारतीय संगीत वाद्य' नामक ग्रंथ के रूप में प्रकाशित हो चुका है, में स्पष्ट रूप से कर दिया है।

वीणाओं में रूद्र वीणा तथा सरस्वती वीणा का विशेष प्रचार था। शास्त्रीय संगीत के सुषिर वाद्यों में वंशी, शहनाई, नागस्वरम् आदि प्रमुख थे। लोक संगीत के सुषिर वाद्यों में महुवरि, अलगोजा आदि का प्रचलन था। घन वाद्यों में करताल, झांझ, घण्टी, मंजीरा आदि का प्रयोग होता था। जलतरंग आदि तंरग-वाद्यों का भी प्रचार इसी युग में हुआ।

आधुनिक काल

19 वीं शताब्दी के प्रारंभ में सर विलियम जोन्स, सर डब्लू ओसले, कैप्टेन डो, डॉ. ग्रिफिक्स, कैप्टेन एन.एन. बिलर्ड आदि सुप्रसिद्ध पाश्चात्य विद्वानों ने भारतीय संगीत का अध्ययन करके जब उस पर प्रशंसात्मक पुस्तकें लिखी तो भारतीय जनता में यहां के संगीत के प्रति पुन: चेतना जागृत हुई। लोगों में संगीत सीखने की अभिरूचि हुई।

जयपुर के महाराजा सवाई प्रताप सिंह देव के शासन काल (सन् 1779 ई0 से 1804 ई0 तक) में एक विशाल संगीत-समारोह का आयोजन हुआ, जिसमें देश के तत्कालीन सभी प्रमुख संगीतज्ञों ने भाग लिया। इस समारोह में हिन्दुस्तानी संगीत पद्धति के विभिन्न पहलुओं पर संगीतज्ञों द्वारा विचार-मंथन के पश्चात् जो निष्कर्ष निकला, उसके आधार पर महाराजा प्रताप सिंह देव की आज्ञानुसार 'संगीतसार' नामक ग्रंथ का प्रणयन किया गया। सन् 1813 ई0 में पटना के मुहम्मद रजा ने संगीत पर 'नगमाते आसफी' नामक ग्रंथ लिखा। 1812 ई0 में कृष्णानन्द व्यास ने 'संगीत-राग-कल्पद्रुम' नामक ग्रंथ की रचना की जिसमें ध्रुपद एवं ख्याल शैली के प्रचलित बन्दिशों का बहुमूल्य संकलन है। पण्डित विष्णु नारायण भातखण्डे का मत है कि कृष्णानन्द व्यास का शुद्ध सप्तक विलावल राग के ही स्वर हैं।

19 वीं सदी के उत्तरार्द्ध में बंगाल के कुछ विद्वानों द्वारा हिन्दुस्तानी संगीत पर कई विशेष एवं महत्वपूर्ण कार्य सम्पादित हुए हैं। इन विद्वानों में राजा सर सौरिन्द्र मोहन टैगोर का नाम सर्वोपरि है। सन् 1883 ई0 में सुविख्यात संगीतज्ञ ने सम्पादन किया। सन् 1894 ई0 में बी0आर0 पिंगले ने 'ए डिस्कशन आन इन्डियन म्यूजिक' नामक ग्रंथ की रचना अंग्रेजी भाषा में की। इस शताब्दी में तन्त्री वाद्य संगीत के अन्तर्गत मसीत खाँ ने 'मसीतखानी' तथा रजा खाँ ने 'रजाखानी' गतों का आविष्कार करके सितार पर उसके वादन का प्रचार किया।

बीसवीं सदी में पंडित विष्णु दिगम्बर पलुस्कर एवं विष्णु नारायण भातखण्डे इन संगीतज्ञों ने संगीत जगत् में उल्लेखनीय कार्य किये जो स्वर्ण अक्षरों में अंकित होंगे। 5 मई 1901 ई0 को लाहौर शहर (आधुनिक पाकिस्तान देश के अन्तर्गत) के राजा मानसिंह की हवेली में पण्डित वि0दि0 पलुस्कर ने 'गान्धर्व महाविद्यालय' नामक एक संगीत विद्यालय की स्थापना की, जिसका उद्‌घाटन-समारोह तत्कालीन जस्टिस पी0सी0 चटर्जी के द्वारा संपन्न हुआ।

सन् 1910 ई0 में पण्डित विष्णु नारायण भातखण्डे ने संगीत पर संस्कृत भाषा में 'लक्ष्यसंगीतम्' नामक ग्रंथ की रचना की, जिसमें शास्त्रोक्त

परिभाषाओं के अतिरिक्त विभिन्न रागों के विषय में उल्लेख किया गया है। उन्होंने इसी ग्रंथ के आधार पर हिन्दुस्तानी संगीत के रागों पर एक व्याख्यात्मक ग्रंथ मराठी भाषा में लिखा जिसका नाम 'हिन्दुस्तानी संगीत पद्धति रखा। भातखण्डे जी द्वारा प्रणीत संगीत के अन्य ग्रंथों में 'अभिनव राग मंजरी', गीत मालिका' (20 खण्डों), 'स्वर मालिका' (6 खण्डों में), ' ए शार्ट हिस्टोरिकल सर्वे आफ दि म्यूजिक आफ अवर इंडिया', एण्ड एटीन्थ सेन्चुरीज आदि प्रमुख हैं।

आधुनिक काल में हिन्दुस्तानी संगीत के अन्तर्गत गायन की ध्रुपद आदि शैली का क्रमशः लोप हो रहा है तथा उसका स्थान ख्याल शैली ने ग्रहण कर लिया है। इस कारण ध्रुपद गायकों एवं मृदंग-वादकों की संख्या देश में बहुत कम हो गई है। ख्याल शैली का विशेष प्रचार हो जाने के कारण गायन-वादन की संगति करने के लिए तबला वादकों की संख्या में अत्यधिक वृद्धि हुई है। स्वतंत्रता प्राप्ति के पश्चात् संस्थागत शिक्षण शैली का प्रचार हो जाने के कारण गायन के विभिन्न घरानों, ग्वालियर, किराना, आगरा आदि का महत्व थोड़ा कम हो गया है। आकाशवाणी के सहयोग से ठुमरी, दादरा, भजन, लोक संगीत आदि के गायन का भी प्रसार बढ़ रहा है। स्वर्गीय पन्नालाल घोष के सुप्रयत्नों के फलस्वरूप हिन्दुस्तानी वंशी पर स्वतंत्र वादन की परम्परा स्थापित हो चुकी है। उसी प्रकार शास्त्रीय संगीत के रंग-मंच पर शहनाई की भी स्वतंत्र वादन की परम्परा स्थापित हो गई है जिसके लिए उस्ताद बिस्मिल्ला खाँ का योगदान अविस्मरणीय रहेगा। तंत्री वाद्यों में सर्वाधिक प्रचलित सितार वाद्य पर अब गायकी शैली का अनुकरण किया जाने लगा है। केन्द्रीय सरकार द्वारा संचालित विश्वविद्यालयों में हिन्दुस्तानी एवं कर्नाटक संगीत पद्धतियों के अन्तर्गत गायन-वादन के पठन-पाठन की व्यवस्था उपलब्ध है। आकाशवाणी के सहयोग से हिन्दुस्तानी एवं कर्नाटक संगीत के शास्त्रीय गायन-वादन के साथ-साथ अर्द्ध शास्त्रीय संगीत तथा लोक संगीत का भी प्रचार बढ़ा है। विदेशों में भारतीय संगीत के प्रति लोगों की रूचि में वृद्धि हुई है। संस्थागत शिक्षण प्रणाली के द्वारा संगीत विद्या जन-जन में व्याप्त तो अवश्य होती जा रही है, किन्तु उसके स्तर में क्षीणता उत्पन्न होती जा रही है। अतएवं इसके संरक्षण के लिए एक

नवीन शिक्षण प्रणाली या प्रचलित शिक्षण प्रणाली में सुधार की आवश्यकता है। आधुनिक प्रचलित शास्त्रीय संगीत के वाद्यों में सितार, स्वरमण्डल, तम्बूरा (तानपूरा), बेला (वायलिन), तंजोरी वीणा, विचित्र वीणा आदि तन्त्री वाद्य। वंशी, शहनाई, नागस्वरम, क्लारिनेट, हारमोनियम आदि सुषिर वाद्य। तबला, पखावज, मृदंग आदि अवनद्ध एवं घटम्, मंजीरा, घुंघरू आदि घन वाद्य प्रमुख हैं।

संदर्भ ग्रन्थ सूची

1. भारतीय संगीत वाद्य:- डॉ लालमणि मिश्र, भारतीय ज्ञानपीठ प्रकाशन, नई दिल्ली: 1973
2. भारतीय संगीत का इतिहास:- डॉ. शरच्चन्द्र श्रीधर परांजये, चौखम्भा प्रकाशन, वाराणसी 1969
3. स्वर और रागों के विकास में वाद्यों का योगदान: डॉ. इन्द्राणी चक्रवर्ती, चौखम्भा आरिएन्टालिया, वाराणसी 1979
4. संगीत चिन्तामणि: आचार्य बृहस्पति एवं श्रीमती सुमित्रा कुमारी, लक्ष्मीनारायण गर्ग: संगीत कार्यालय, हाथरस (उत्तर प्रदेश) 1966
5. प्राचीन भारत में संगीत: डॉ. धर्मावती श्रीवास्तव: भारतीय विद्या प्रकाशन, वाराणसी 1967
6. श्रुति-वीणा: डॉ. लालमणि मिश्र 1964
7. संगीत बोध: डॉ. शरच्चन्द्र श्रीधर परांजये: मध्य प्रदेश, हिन्दी ग्रंथ अकादमी, भोपाल 1980

अध्याय - 3

संगीत एवं उसके वाद्यों का विस्तार

भारतीय संगीत की उत्पत्ति के संबंध में विद्वानों के जो मत प्राप्त होते हैं, वे प्रायः धार्मिक हैं अथवा किंवदंतियों पर आधारित हैं। ऐतिहासिक आधार पर भारतीय शास्त्रीय संगीत का उद्‌गम स्थल सामवेद माना जाता है। उस काल में यज्ञ आदि अवसरों पर साम-गायन करने की विशेष परम्परा थी। कालान्तर में यही सामवेद संगीत विकास क्रम से आधुनिक शास्त्रीय संगीत के रूप में परिणत हो गया।

संगीत की व्युत्पत्ति

'संगीत' शब्द की व्युत्पत्ति इस प्रकार की जाती है सम् + गी + त। संगीत की व्याख्या 'सम्यक गीतः संगीतः' इस प्रकार की जाती है 'सम' उपसर्ग सम्पूर्णता का भी बोधक है। गीत तभी सम्पूर्ण रूप से प्रभावोत्पादक होता है जब उसके साथ उसके अन्य अंगों का भी प्रयोग हो। अतः इसको आधार मानकर भी संगीत के आचार्यों ने गीत के साथ नृत्य तथा वाद्य को सम्मिलित कर लिया, क्योंकि गेयता की अभिव्यंजना वाद्य एवं नृत्य में पूर्ण होती है। इसके अभाव में गीत की स्वर लहर पूर्ण प्रभावोत्पादिका नहीं होती है। अतः वाद्य एवं नृत्य गीत के अलंकरण हैं। इसी कारण गीत ऐसी सुरागवती वस्तु का विन्यास बिना वाद्य एवं नृत्य के सहयोग के सम्यक रूप से प्रभावकारी नहीं हो सकता है। एतदर्थ जबकि 'संगीत शब्द में नृत्य एवं वाद्य शब्दों या ध्वनियों की व्याकरण या भाषा विज्ञान की दृष्टि से कुछ भी

संकेत नहीं हैं, तदर्थ ही भाषा की लक्षण-शक्ति, के आधार पर शाङ्र्गदेव आदि संगीताचार्यों ने गीत, वाद्य तथा नृत्य इन तीनों को (संगीत) कहा।

संगीत का विस्तार क्षेत्र

'गी' क्रिया में 'क्त' प्रत्यय लगाने पर 'गीत' शब्द की उत्पत्ति होती है। जिसका अर्थ होता है 'गानम्' अर्थात् गायन। वैदिक युग में सामगीत के गायन का प्रचलन था। सायंकाल के समय ऋषि लोग इसका गायन करते थे। यज्ञ के पश्चात् वे थकान का अनुभव करते थे। थकान को दूर करने के लिए वे इस गान का उपयोग करते थे।

पौराणिक युग में वैदिक स्वरों के उच्चारण की जटिलता समाप्त हो गई। लोक भावना से भीगे छन्दों में निबद्ध गीतों को गाने लगे, जिसे कालान्तर में भक्ति संगीत की संज्ञा दी गई। स्मृतिकाल में गीत ने अपने स्वरूप में थोड़ा और परिवर्तन किया। अब गीत का क्षेत्र केवल देव तक ही सीमित नहीं रहा, अपितु मांगलिक कार्यों यथा-विवाह, जन्मोत्सव आदि अवसरों पर इसका प्रयोग होने लगा। महाकाव्य काल में गीत मनोविनोद का साधन बन गया। लोग श्रृंगार सम्बंधी वस्तुओं का अधिकाधिक उपयोग करने लगे। इस युग के गीतों में श्रृंगारिक भाव प्रचुर मात्रा में होता है। कालिदास-रचित 'मेघदूत' इसका सर्वोत्कृष्ट उदाहरण है। खड़ी बोली के पूर्व काल में संस्कृत भाषा का प्रभाव बढ़ने लगा। अब उत्तर भारत के लोग अवधी आदि प्रादेशिक भाषाओं में भक्ति और श्रृंगार सम्बंधी गीतों की रचना करने लगे। इसी युग में बंगाल प्रान्त में मनोरम स्वरलहरी का सामंजस्य पाकर संस्कृत भाषा और भी मधुर ढंग से निनादित होने लगी। इसका ज्वलन्त उदाहरण है कि कवि जयदेवकृत 'गीत गोविन्द' उन्होंने राधा-कृष्ण की वन्दना लौकिक संस्कृत के छन्दों में अनुबद्ध किया और अपनी रचना 'गीत-गोविन्द' को संगीत स्वरों का वस्त्र पहनाकर अधिकाधिक अलंकृत किया, जो आज भी संगीत जगत के बीच अनुकरणीय एवं स्पृहणीय वस्तु बनी हुई है। बिहार प्रान्त में विद्यापति ने मैथिली भाषा में अपने भावभीनी गीतों की रचना करके उसे लोक-धुनों के ताना-बाना से बुना, जिसके कारण उनके गीत एक सामान्य व्यक्ति के भी हृत-तन्त्री को

स्पन्दित करने में समर्थ हो सके। उनके गीत अभी भी वहां के जन समाज में सर्वाधिक प्रचलित हैं तथा उसे अत्यंत उत्साह पूर्वक गाया जाता है।

खड़ी बोली के काल में भाषा की मंजुलता तो समाप्त हो गई, किन्तु देश की स्वतंत्रता तथा जन-स्वीकृति ने इस भाषा का अनुमोदन किया। इसमें वही पुरातन छन्द कविता का रूप धारण करने लगे। ये ही कविताएं आधुनिक युग में शास्त्रीय स्वर लहरियों से आच्छादित होकर जन-मन को अनुरंजित कर रही हैं।

वाद्य का विस्तार क्षेत्र

'वद्' धातु से 'वाद्य' शब्द की उत्पत्ति होती है, जिसका अर्थ है सुस्पष्ट बोलना। यों तो कोई भी वाद्य कलाकार के अभाव या अनुपस्थिति में किसी अन्य साधनों के माध्यम से भी कुछ बोल सकता है अर्थात् ध्वनि उत्पन्न कर सकता है, किन्तु उस बोल या ध्वनि का कोई सांगीतिक अर्थ नहीं होगा। वे ही वाद्य जब कलाकार की गरिमा से मण्डित होते हैं, तब वे स्वर एवं लय-ताल के सन्निवेश से मुखरित होकर अपार आनन्द प्रदान करते हैं तथा हर्ष, उल्लास, शोक आदि भावों के अभिव्यंजक बन जाते हैं। वाद्य शब्द अपने यथार्थ रूप को प्राप्त कर लेता है।

ऋग्वैदिक काल यज्ञ-यज्ञादित का युग था। किन्तु उस काल में भी भौतिक आन्नद की एक स्वाभाविक लिप्सा जनमानस के अन्तराल में गूंजती रहती थी। वैदिक कालीन ऋषि-महर्षि नदियों की कल-कल तथा छल-छल निनाद से आनन्दित होते थे तो कहीं पक्षियों के विविध कलखों से आपूरित होकर संगीत-स्वरों की कल्पना करते थे। वे पत्थरों तथा धातुओं की झंकार से भी आनन्दातिरेक से संगीत-स्वर की कल्पना करने का सुअवसर प्राप्त करते थे।

धीरे-धीरे उनकी कल्पना ने नूतन मोड़ को गृहण किया और प्रकृति-प्रदत्त जो वस्तुएँ सुलभ थीं, उनके आधार पर उन्होंने अपने आराध्य देवों के वाद्यों की संरचना की। इन्द्र, विष्णु तथा रूद्र, जो उस युग के परम शक्तिशाली देवों में से थे, उनके स्वरूप के अनुसार ही उन्हें विभिन्न वाद्यों को धारण

कराया गया। रूद्र को 'डमरू', विष्णु को 'शंख' एवं इन्द्र को 'तडित' इसी उद्देश्य से प्रदान किया गया।

महाकाव्य काल में वाद्यों का जीव-जन्तुओं के साथ भी संबंध स्थापित कराया गया। वैदिक युग में तो शक्तिशाली देव ही वाद्य कला को अपनाए हुए थे किन्तु इस युग में यह कला इतनी लोकप्रिय हुई कि साधारण जीव-जन्तु से लेकर पेड़-पौधों तक से इसका घनिष्ठ संबंध स्थापित कराया गया।

इसके पश्चात् महावीर एवं गौतम बुद्ध ये दोनों महान् तपस्वी हुए। वे अपने प्रारम्भिक जीवन में तो गायन-वादन तथा नृत्य की आसक्ति से आबद्ध रहे, किन्तु ज्ञान प्राप्त होने पर उन्होंने इसे आसक्ति का कारण बतलाया। अतः इस युग में गीत एवं वाद्य आदि का उत्कर्ष समाज में बहुत अधिक नहीं हो पाया।

पौराणिक देवताओं के लिए उनकी रूचि एवं स्वरूप के अनुसार विभिन्न वाद्यों की सृष्टि हुई। कौन देव, किस वाद्य से विशेष प्रसन्न होते हैं इसका भी विभाजन हुआ और आराधना के लिए उन वाद्यों का विशेष प्रचार-प्रसार हुआ।

परवर्तीकालीन कई राजाओं ने वाद्यों के प्रचार में महत्वपूर्ण योगदान दिया। समुद्रगुप्त की वीणा जगत्-प्रसिद्ध है। कौटिल्य के काल में तो गुप्तचरों के लिए आदेश था कि वे अवसर मिलने पर संगीतज्ञों का वेश धारण करके शत्रु के किले में निवास करें तथा उनके आक्रमण की सूचना शंख, दुन्दुभि आदि के वादन से दें। कौटिल्य ने वीणा-वेणु-मृदंगवादन को कला के अंतर्गत उल्लेख कर वाद्यों के महत्व को उजागर किया है।

आधुनिक काल में वाद्यों की सत्यता सर्वव्यापी हो गई है। संगीत-स्थलों, सामाजिक रीतियों तथा अन्य सभी प्रकार के उत्सवों पर विभिन्न वाद्यों का वादन किया जाना अत्यंत स्वाभाविक हो गया है।

नृत्य का विस्तार क्षेत्र

'नटनर्तन'-अर्थात् 'नट' शब्द का अर्थ है 'नर्तन करना'। नर्तन विकसित

हृदय के प्रफुल्लता का केन्द्र-बिन्दु है। संस्कृत साहित्य में रूद्र सबसे नट माने जाते हैं क्योंकि वाद्य के साथ-साथ नर्तन करना उनका प्रमुख मनोविनोदात्मक कार्य था। इसीलिए उन्हें 'नटराज' की संज्ञा प्रदान की गई। वे अक्सर डमरू बजाते थे और नृत्य करते थे। अंगों का संचालन मात्रा विक्षेप मात्र ही 'नृत्य' कहलाता है और शास्त्रीय विधि का अवलम्बन लेकर आंगिक आदि का अभिनय करना, जिससे भाव की अभिव्यक्ति होती हो, नृत्य कहलाता है। इस प्रकार से नृत्य आनन्द का प्रधान स्त्रोत है। पौराणिक कथाओं के अनुसार भगवान शिव की अर्द्धांगिनी पार्वती की प्रसन्नता का विषय भी नृत्य ही था। पौराणिक युग में नृत्य का बहुत ही विस्तार हुआ। जब देवताओं एवं असुरों ने समुद्र-मंथन किया था तो भगवान विष्णु ने नर्तकी का ही वेश धारण करके अपनी भावभीनी मुद्रा से राक्षसों को मोहित कर लिया था तथा मंथन से प्राप्त अमृत समस्त देवताओं को पिला दिया था।

महाकाव्य काल में समाज के विभिन्न मांगलिक उत्सवों पर भी नृत्य का बहुत आयोजन होने लगा। श्रीराम के जन्मोत्सव आदि के अवसर पर नृत्य की लीला अपना समा बाँधे रहती थी। लोग उन नर्तन करने वाली सुन्दरियों के हाव-भाव पर अपना सर्वस्व न्यौछावर कर देने को तत्पर रहते थे।

संस्कृत साहित्य में नृत्यकला का इतना विशद् वर्णन हुआ है, जो अन्य किसी साहित्य में दुर्लभ है। आज भी हम यह देखते हैं कि समस्त प्राणि जगत में नृत्य बहुत व्यापक रूप से व्याप्त है। यहाँ तक कि मयूर, मेघ को देखकर एवं भुजंग, सपेरों के बीन-वादन को सुनकर अपनी प्रसन्नता अपने नृत्य के द्वारा ही अभिव्यंजित करते हैं। मानव द्वारा जिन नृत्यों को गृहण किया गया, उसके अनेकानेक रूप हैं। लोगों के द्वारा अपनी-अपनी रूचि के अनुसार उसके भेद-प्रभेद अपना लिए गए हैं। भारतीय शास्त्रीय संगीत के कत्थक, भरतनाट्यम, ओडीसी आदि नृत्य सम्पूर्ण विश्व में अपनी छटा बिखेरे हुए हैं। पंजाब का भंगड़ा, गुजरात का गरबा तथा उत्तर प्रदेश का रास नृत्य आदि लोक जन-मानस को सर्वदा आप्लावित एवं उद्वेलित करते रहते हैं।

संगीत के मूल तत्व

संगीत की तीन विधाएं हैं- गीत, वाद्य एवं नृत्य। संयोग की बात है कि संगीत के तीन ही तत्व भी हैं-स्वर, ताल और पद।

'स्वर' संगीत-जगत का स्पन्दन है, जिसके अभाव में संगीत का जीन ही व्यर्थ है। जिस प्रकार ताल संगीत जगत के लिए महत्वपूर्ण है उसी प्रकार पद भी संगीत जगत के लिए बहुत महत्व रखता है। जिस प्रकार कितना ही सुन्दर शरीर क्यों न हो, किन्तु पैर के अभाव में वह चल फिर नहीं सकता है, उसी प्रकार से स्वर और ताल के रहने पर भी पद के बिना पंगु और बधिर हैं। उक्त विशेषताएं शास्त्रीय गायन एवं नृत्य के लिए पूर्णरूपेण चरितार्थ होती हैं किन्तु वाद्य संगीत की अब एक अलग परम्परा स्थापित हो जाने के कारण वहाँ की स्थिति कुछ भिन्न हो गई है। वहाँ भी पद की सार्थकता उतनी ही है जितनी कण्ठ संगीत एवं नृत्य में है। जब वाद्य संगीत के निरर्थक पद विभिन्न स्वर लहरियों तथा तानों के संयोग से आच्छादित हो जाते हैं तब वे ही सार्थक बन जाते हैं।

संगीत के आचार्य भरत ने गन्धर्व को स्वर-ताल-पदात्मक कहा है। नकार रूपी प्राण एवं दकार रूपी अग्नि के संयोग से नाद की उत्पत्ति होती है। यह नाद आहत और अनाहत इन दो रूपों में अनुभव किया जाता है। आहत नाद वस्तुओं के अघात और संघर्षण से उत्पन्न होता है। अनाहत नाद प्रकृति द्वारा समस्त सृष्टि में व्याप्त होता है। संगीत में जिस आहत नाद की चर्चा होती है, वह स्वयं अपने में मधुर, स्निग्ध तथा अनुकरणात्मक होता है। गायन में नाद के रूप की साधना मानवीय कण्ठ के द्वारा की जाती है। वादन में नाद के रूप की साधना कण्ठ, वशं, तन्त्री, चम्र आदि से युक्त किसी यन्त्र पर की जाती है। इस प्रकार गायन एवं वादन में नाद का प्रत्यक्ष संबंध होता है। नृत्य में नाद का संबंध होता है। नृत्य के विभिन्न भाव भंगिमाओं की पूर्ण अभिव्यक्ति के लिए गायन का अवलम्बन लेना पड़ता है। जिसे प्रायः नृत्यकार से भिन्न कुछ व्यक्ति सम्पादित करते हैं। इस तरह गायन, वादन एवं नृत्य-इन तीनों में 'नाद' का विशेष महत्व है। इसी नाद से श्रुति तथा उन्हीं श्रुतियों से संगीत के विभिन्न स्वरों की उत्पत्ति होती है।

इन स्वरों के नाम क्रमशः षड्ज, ऋषभ, गान्धार, मध्यम, पंचम, धैवत तथा निषाद हैं। जो ध्वनि नासिका, कण्ठ, उर, तालु, जिह्वा तथा दन्त इन छः स्थानों से उत्पन्न होता है, उसे 'षड्ज' कहा जाता है। इसी तरह अन्य स्वरों के नाम भी उसके भिन्न-भिन्न गुणों के आधार पर रखे गये। गायन-वादन के व्यवहार को सरलतापूर्वक चलाने के लिए षड्ज, ऋषभ, गान्धार, मध्यम, पंचम, धैवत तथा निषाद स्वरों के प्रारम्भिक अक्षर क्रमशः स, रे, ग, म, प, ध, नि को ग्रहण किया गया।

'ताल' शब्द तल् धातु से बना है। तल का अर्थ उस भाग से होता है जिसके बल पर कोई वस्तु टिकी या स्थित रहती है। भारतीय संगीत के अंतर्गत गीत, वाद्य एवं नृत्य इन तीनों की प्रतिष्ठा 'ताल' पर ही होती है जो संगीत की अपनी निजी विशेषता है। आधुनिक भारतीय संगीत में तालों की प्रतिष्ठा प्रमुख रूप से तबला, परवावज, मृदंग आदि अवनद्ध वाद्यों एवं मंजीरा, घुंघरू मोर्सिग (मुहचगं) आदि घन वाद्यों पर की जाती है।

संदर्भ ग्रन्थ सूची

1. संगीत रत्नाकरः पं0 शाङ्र्गदेव, चौखम्बा संस्कृत सीरिज आफिस, वाराणसी,
2. "गान्धर्व त्रिविधं विद्यात्सवरतालपदात्मकम्": नाट्यशास्त्र, 18 वां अध्याय,
3. भारतीय संगीत वाद्यः डॉ0 लालमणि मिश्र, भारतीय ज्ञानपीठ प्रकाशन, नई दिल्ली, 1973
4. स्वर और रागों के विकास में वाद्यों का योगदानः डॉ0 इन्द्राणी चक्रवर्ती, प्रकाशन चौखम्भा ओरियण्टालिया, 1979
5. ध्वनि और संगीतः प्रो0 ललित किशोर सिंह, प्रकाशन भारतीय ज्ञानपीठ, काशी, 1962
6. संगीत कौमुदी, विक्रमादित्य सिंह निगम, श्रीमती केसर कुमारी निगम, केसर लखनऊ।
7. संगीत बोधः डॉ0 शरच्चन्द्र श्रीधर परांजये, मध्य प्रदेश हिन्दी ग्रन्थ अकादमी, भोपाल, 1980
8. संगीत शास्त्र पराग, गोविन्द राव राजुरकर, हिन्दी ग्रंथ अकादमी, जयपुर।

अध्याय - 4

संगीत वाद्यों का वर्गीकरण एवं हरियाणा के लोक वाद्य

विस्तृत अर्थ में किसी भी संगीतात्मक ध्वनि-उत्पादक वस्तु को 'वाद्य' की संज्ञा दी जा सकती है। इसके अंतर्गत प्रकृति प्रदत्त मानव-कण्ठ को भी 'वाद्य' के अंतर्गत सम्मिलित किया जा सकता है। संकुचित अर्थ में वाद्य का तात्पर्य मानव-निर्मित वाद्य से होता है जो संगीतोपयोगी स्वरों का सृजन करने में सक्षम हो। वाद्यों का वर्गीकरण करते समय प्रायः आचार्यों ने संकुचित अर्थ में ही 'वाद्य' शब्द को ग्रहण किया है।

संपूर्ण जगत् के संगीत इतिहास में भारतवर्ष ही ऐसा राष्ट्र है, जहाँ सहस्त्रों वर्ष पूर्व संगीत-वाद्यों का विधिवत् वर्गीकरण प्रस्तुत किया गया। यह असंदिग्ध रूप से कहा जा सकता है कि भारतीय वाद्य-वर्गीकरण की छाप पाश्चात्य वाद्य-वर्गीकरण पर अभिन्न रूप से पड़ी है। पाश्चात्य संगीत में घन वाद्यों को अलग वर्ग के रूप में स्थान दिलाने का श्रेय भारतीय वाद्य-वर्गीकरण को ही है जो सहस्त्रों वर्ष पूर्व भी इस देश में प्रचलित था। पूर्ववर्ती वैदिक कालीन एवं उनके साहित्य के अवलोकन से यह स्पष्ट होता है कि यहाँ चारों वर्ग के वाद्य उपलब्ध थे, जिनका प्रयोग विभिन्न सुअवसरों पर किया जाता था। इस तथ्य की पुष्टि सुप्रसिद्ध विद्वान प्रो0 राधा कुमुद मुकर्जी ने भी की है। पूर्ववर्ती वैदिक काल के किसी भी ग्रंथ में इन वाद्यों का स्पष्ट वगीकरण उपलब्ध नहीं है। यह सर्वविदित है कि जब किसी वस्तु

की बहुतायत हो जाती है, तभी उसे व्यवहार में सुचारू रूप से संचालन के लिए उसके वर्गीकरण की आवश्यकता पड़ती है।

भरत मुनि ने संगीत-वाद्यों को उसके स्वरूप के आधार पर निम्नलिखित चार वर्गों में विभाजित किया है:-

1. तत अर्थात् तन्त्रीयुक्त वाद्य
2. अवनद्ध अर्थात् चर्माबद्ध वाद्य
3. घन अर्थात तालादि वाद्य
4. सुषिर अर्थात् बंशादि वाद्य

भारतीय संगीत शास्त्र में उपलब्ध वाद्य-वर्गीकरणों में भरतमुनि प्रदत्त वाद्य-वर्गीकरण ही सर्वाधिक प्राचीन, सर्वश्रेष्ठ एवं वैज्ञानिकता से परिपूर्ण है जिसका बहुत अल्प रूपान्तर के साथ विद्वानों द्वारा अब तक प्रयोग होता आ रहा है।

वैदिक एवं पुराणकालीन भारतीय संगीत में अन्य वाद्यों की अपेक्षा तन्त्रीयुक्त वाद्यों का अधिक महत्व था और उनके अनेकानेक भेदों की संरचना की गई। इसी कारण वाद्य-वर्गों में तत अर्थात तन्त्रीयुक्त वाद्य को आचार्यों द्वारा प्रथम स्थान प्रदान किया गया।

संगीत वाद्यों के वर्गीकरण में भरतोक्त-तत, घन, सुषिर एवं अवनद्ध संज्ञाओं का प्रयोग करने वाले अन्य प्राचीन आचार्यों तथा अर्वाचीन विद्वानों में सर्वश्री दत्तिल, सोमदेव, शारंगदेव, सुधाकलश, कुम्भकर्ण (कालसेन) सवाई प्रताप सिंह देव, श्रीकण्ठ, दामोदर पण्डित, अहोबल, नारायणदेव, घनश्यामदास, डॉ0 लालमणि मिश्र आदि के नाम उल्लेखनीय हैं।

द्वितीय वर्गीकरण के अन्तर्गत तीन वर्गों में वाद्यों को विभाजित किया गया है:- गीतांग, नृतांग एवं उभयांग। गीत, नृत्य एवं इन दोनों को एक साथ संगति करने वाले वाद्यों को क्रमशः गीतांग, नृतांग एवं उभयांग कहा गया। इस वर्गीकरण में भी पुनरावृति का दोष है। जब गीत एवं नृत्य के बिना अर्थात् स्वतंत्र रूप से वाद्य-वादन होता था, तो उसे शुष्क वाद्य कहा जाता था, जिसे बुद्धिमान जन गोष्ठी कहते थे। लोक में भी इसे 'गोष्ठी'

कहा जाता था। गीत एवं नृत्य के साथ संगति करने वाले वाद्यों को क्रमश: गीतानुग तथा नृत्तानुग कहा गया है। 'संगीत पाठ' नामक पुस्तक जो मध्य काल की रचना है तथा जिसकी पाण्डुलिपि 'सरस्वती भण्डार ग्रत्थालय' रामनगर, वाराणसी में सुरक्षित है, में संगीत-वाद्यों को तत, आनद्ध, ततानद्ध, घन एवं सुषिर वर्गों के अन्तर्गत वर्गीकृत किया गया है। यहाँ 'ततानद्ध' संज्ञक एक नवीन वर्ग का उल्लेख किया गया है, शेष भरतोक्त वर्ग ही हैं। जिन वाद्यों में तन्त्री और अवनद्ध दोनों का समावेश होता है उन्हें 'ततानद्ध' कहा गया है।

आधुनिक संगीतविद् श्री ओ0 गोस्वामी ने भारतीय संगीत वाद्यों का उल्लेख करते हुए लिखा है कि:-

> "Indian Musical instruments have been classified under the following five heads by the ancient music Scholars: Tata, Bitata, Sushi, Avanadhava and Ghan."

श्री गोस्वामी का यह कथन निर्मूल है कि प्राचीन संगीतज्ञों ने तत, वितत, सुषिर अवनद्ध एवं घन के अन्तर्गत वाद्यों का वर्गीकृत किया है। किसी भी प्राचीन ग्रंथ में यह वर्गीकरण उपलब्ध नहीं है। वस्तुत: कुछ ग्रंथों में वितत अथवा अवनद्ध का प्रयोग पूरक अर्थों में अवश्य हुआ है। वर्तमान संगीतज्ञ संगीत वाद्यों को तत्, वितत, सुषिर, अवनद्ध एवं घन के अन्तर्गत वर्गीकृत करते हैं। रायबहादुर आर0एल. बत्रा के 'वितत' को ''तत' वर्ग का ही उपवर्ग माना है। इस वर्गीकरण में 'वितत' के अन्तर्गत गज (बो) से वादन होने वाले तन्त्री वाद्यों को रखा गया है। उदाहरणार्थ-सारंगी, बेला आदि। शेष भरतोक्त वर्ग ही हैं। 'वितत' का तात्पर्य 'खींचा हुआ' या 'झुकाया हुआ' (धनुष की तरह) से भी होता है। गज (बो) जिससे सारंगी आदि तंत्री वाद्यों का वादन होता है, धनुषाकार ही होता है। अतएव यह प्रतीत होता है कि गज के इसी गुण के कारण सारंगी, इसराज आदि वाद्यों को 'वित' संज्ञक वर्ग में स्थान दिया गया।

आधुनिक काल में तरंग-वाद्यों का विशेष प्रचार एवं प्रसार हुआ है जिसका बीजारोपण मध्यकाल में ही हो चुका था। इस प्रकार के वाद्यों का

एक अलग वर्ग बनाने का ध्यान सर्वपथम डॉ. लालमणि मिश्र जी ने आकृष्ट किया है।

ये तरंग-वाद्य मूलत: घन या अवनद्ध वर्ग के होते हैं किन्तु जब इनका प्रयोग लयोत्पादक के स्थान पर स्वरोत्पादक के रूप में किया जाता है तो इन्हें तरंग-वाद्यों की श्रेणी में प्रतिष्ठित कर दिया जाता है। उदाहरणार्थ-तबलारंग, काष्ठरंग आदि। अब स्वाभाविक रूप से यह प्रश्न उठता है कि क्या ऐसे वाद्यों को मात्र उनके प्रयोग में परिवर्तन कर देने से उन्हें मूल वर्ग से भिन्न मानकर नया वर्ग प्रदान करना चाहिए। जिस प्रकार आधुनिक चित्रपट संगीत में कुछ तन्त्री वाद्य जैसे एकतारा, गिटार आदि को लय की प्रतिस्थापना करने के लिए भी प्रयुक्त किया जाता है, किन्तु उन्हें तन्त्री वर्ग के ही अन्तर्गत सम्मिलित किया जाता है किसी अन्य वर्ग में नहीं। उसी प्रकार इन वाद्यों को उनके स्वरात्मक प्रयोग के कारण उन्हें भिन्न वर्ग प्रदान करना औचित्यपूर्ण नहीं है।

आज भारतीय शास्त्रीय संगीत में कुछ विदेशी वाद्यों का उपयोग बहुत होने लगा है। उदाहरण के लिए हिन्दुस्तानी शास्त्रीय संगीत पद्धति में वायलिन का उपयोग सामान्य सा हो गया है। इसी तरह भारतीय चित्रपट में भी वायलिन आदि कई विदेशी वाद्यों का प्रयोग अनिवार्य रूप से होने लगा है। जब इन विदेशी वाद्यों को भारतीय संगीत में प्रमुख स्थान दिया जा चुका है तो उनको भी दृष्टिगत रखकर वाद्यों के एक नवीन वर्गीकरण के सृजन की आवश्यकता से इन्कार नहीं किया जा सकता है।

हरियाणा के लोक-वाद्य

वाद्यों के चार प्रकार के वर्गीकरण तत, सुषिर, अवनद्ध, घन के अनुसार यदि हरियाणा के लोक संगीत वाद्यों का वर्गीकरण किया जाये तो अनुचित न होगा। लेकिन यदि हम लोक संगीत वाद्यों के इस वर्गीकरण को उद्देश्य की दृष्टि से देखें तो इनके दो वर्ग बनते हैं। एक यह वर्ग जिन वाद्यों को स्वरोत्पति के लिए बजाते हैं तथा दूसरा वर्ग उन वाद्यों का है जिनका प्रयोग लोक-संगीत में ताल तथा लय के लिए किया जाता है।

हरियाणा के लोग संगीत में स्वर देने वाले वाद्यों की संख्या बहुत कम है। लोकसंगीत का प्राण लय माना जाता है। इसी लय के आधार पर लोक-गीतों का निर्माण हुआ। इस प्रदेश के संगीत में ताल, लय वाद्यों की संख्या अधिक हैं इसका कारण है कि इस प्रदेश की भूमि वीरों की भूमि कहलाती है। प्रेम गाथाओं में अधिकांशतः वीर रस दिखाई देता है। इसी कारण इनकी संगत के लिए स्वर प्रधान वाद्यों की अपेक्षा ताल और लय वाद्यों की प्रधानता है। अतः हरियाणा के लोक-संगीत वाद्यों को निम्नलिखित दो वर्गों में बांटा जा सकता है:-

1. ताल और लय के आधार पर वाद्यों का वर्गीकरण (क) अवनद्ध वाद्य (ख) धन वाद्य
2. स्वर देने वाले वाद्यों का वर्गीकरण (ग) तत् वाद्य (घ) सुषिर वाद्य जैसा कि पहले कहा जा चुका है कि हरियाणा प्रदेश के लोग-संगीत में ताल वाद्यों की प्रधानता अधिक है अतः इसी वर्ग के अन्तर्गत आने वाले अवनद्ध तथा धन वाद्यों का वर्णन पहले किया जायेगा।

ताल देने वाले वाद्यः

(क) अवनद्ध वाद्यः- ढोलक, ढोल, नगाड़ा, डमरू, डफ, खंजरी।

1. **ढोलकः**- ऐतिहासिक दृष्टि से ढोलक का प्रचलन काफी पुराना है। हरियाणा में ढोलक का प्रयोग मन्दिरों, भजन, कीर्तन आदि मंडलियों में तथा शहरों में विवाह आदि अवसरों पर स्त्रियों द्वारा किया जाता है। इस प्रदेश के प्रसिद्ध नृत्य धमाल, फाग, रसिया आदि में ढोलक का प्रयोग किया जाता है। इसके अतिरिक्त हरियाणा के लोक नाटक (सांग) में इस बाद्य का प्रयोग अनिवार्य समझा जाता है।
2. **ढोलः**- हरियाणा में ढोल का प्रचलन अति प्राचीन है। आज कोई भी ऐसा व्यक्ति नहीं जो ढोल से परिचित न हो। 'ढोल' ढोलकी का ही बड़ा रूप है। हरियाणा में ढोल वादन मुख्य रूप से पशु मेले, नीलामी, कुश्ती, खेल तमाशे तथा जलसा व जुलूस आदि में किया जाता है। इसके अतिरिक्त शुभ अवसरों

पर जैसेः- घुड़चढ़ी, शगुन, पुत्र जन्म, मुंडन संस्कार, बसन्त पंचमी आदि अवसरों पर इस वाद्य को प्रसन्नता का प्रतीक माना जाता है। ढोल वाद्य पर तबले की कहरवा और दादरा ताल भी बजायी जाती है।

3. **नगाड़ा**:- लोक संगीत में प्रयोग किया जाने वाला नगाड़ा नामक वाद्य अति प्राचीन है। प्राचीन समय से नगाड़े का प्रयोग युद्ध के समय किया जाता था तथा उसका आकार बड़ा होता था। इस वाद्य को नगारा भी कहते हें। हरियाणा प्रदेश में उसके निकटवर्ती प्रदेश पंजाब आदि की अपेक्षा नगारे का प्रचलन अधिक है। मुख्य रूप से लोक-नाटक सांग तथा रागनियों में इस वाद्य का प्रयोग आवश्यक माना जाता है। हरियाणा में इस वाद्य के दो रूप प्रचलित हैं- एक बड़ा तथा दूसरा छोटा जिसे नगारा तथा नगारी कहते हैं। नगारे का छोटा रूप जिसे हरियाणा में नगारी कहा जाता है, का वादन साथ-साथ होता है। यह वाद्य हरियाणवी वाद्यवृन्द में महत्वपूर्ण भूमिका निभाता है। हरियाणा में नगारा तथा नगारी का आकार दो कटोरों के समान होता है। बड़ा कटोरा तांबे का और छोटा लोहे का होता है। इन दोनों कटोरों पर खाल मंढ़ी होती है। बड़े पर भैंसे की तथा छोटे पर ऊँट की खाल को कसने के लिए चमड़े की बद्दियाँ लगी होती हैं। बड़ा नगारा नीचे स्वर में और छोटा ऊँचे स्वर में मिलाया जाता है तथा स्वर की ऊंचाई के लिए इसे आग में सेंकते हैं। बड़े नगारे में एक छिद्र होता है उसमें पानी ढालकर स्वर नीचा किया जाता है। इस वाद्य को छड़ियों द्वारा बजाया जाता है।

4. **डमरू**:- भारतीय संस्कृति में डमरू का आध्यात्मिक महत्व है। कहते हैं ताण्डव नृत्य के समय भगवान शिव इसे बजाते थे। हरियाणा के लोक-संगीत में डमरू का महत्व अब कम हो गया है। बन्दर नचाने वाले मदारी प्रायः डमरू बजाते हैं।

5. **डेरू**:- डेरू प्राचीन परम्परागत लोक वाद्य है। यह वाद्य डौरू नाम से भी प्रचलित है। हरियाणा में झाड़-फूंक करने वाले

जिसे सायने कहते हैं डेरू का प्रयोग रोगी में से बुरी आत्माओं को निकालने के लिए करते हैं। इसके अतिरिक्त परम्परिक गूग्गा भक्त गूग्गा (गाथा) गायन के समय डेरू का प्रयोग करते हैं। गूग्गा नृत्य में 7-7, 10-10 डेरू इकट्ठे बजाकर बड़ा विचित्र प्रभाव उत्पन्न किया जता है।

6. **डफः**- डफ प्राचीन वाद्य है क्योंकि भारत ही नहीं अपितु फारस से भी इसका प्रचलन प्राचीनकाल से रहा है। भारत में इसका उच्चारण डफ है लेकिन फारसी भाषा में दफ कहा जाता है। हरियाणा प्रदेश में डफ को डफली भी कहते हैं। यहाँ के पारम्परिक लोक नृत्य धमाल व फाग में इस वाद्य का अत्याधिक प्रयोग होता है। डफ नृत्य में नर्तक कई डफों का प्रयोग करते हैं।

7. **खंजरीः**- खंजरी का प्रचलन हरियाणा के लोक संगीत में कम हो रहा है। केवल मदारी और भांड आदि मांग कर खाने वाली जातियों द्वारा इस वाद्य का प्रयोग किया जाता है।

(ख) धन वाद्यः- खड़ताल, घड़ा, चिमटा, मंजीरा, घुंघरू।

1. **खड़तालः**- खड़ताल एक प्राचीन वाद्य है। यह करताल के नाम से भी जाना जाता है। प्राचीन समय से लेकर अब तक यह वाद्य मन्दिर, गुरुद्वारों में भजन, कीर्तन के साथ बजाया जाता है यह जोगी, भक्त आदि के हाथों में प्रायः देखा जा सकता है। हरियाणा के लोकप्रिय लोक नाटक सांग में खड़ताल का प्रयोग बहुत किया जाता है।

2. **घड़ाः**- हरियाणा के लोक वाद्यों में घड़े का प्रमुख स्थान है। इस प्रदेश में इसे घड़वा भी कहा जाता है जिसका प्रयोग वहाँ के लोग मुख्यतः रागनियों, बीन और बांसरी की लहरों आदि लोक शैलियों में करते हैं। हरियाणा के लोक संगीत में जिस प्रकार का घड़ा प्रयोग में लाया जाता है वह बनावट की दृष्टि से एक साधारण वाद्य होता है। इसका मुंह ऊपर से छोटा और

पेट (बीच का हिस्सा) बड़ा होता है। घड़े के मुख पर रबड़ का टुकड़ा बांध कर बजाते हैं।

3. **चिमटाः**- चिमटा वाद्य मन्दिरों में भजन और कीर्तन के लिए प्रयोग किया जाता है। इसके अतिरिक्त साधु-सन्तों द्वारा तथा धार्मिक उत्सवों पर इस वाद्य का प्रयोग किया जाता है।
4. **मंजीराः**- मंजीरा एक प्रचलित लोकवाद्य है जिसका प्रयोग लोक संगीत तथा भक्ति संगीत में किया जाता है। हरियाणा के रसिया नृत्य में कभी-कभी झांझ के स्थान पर मंजीरे का प्रयोग किया जाता है। यह ताल वाद्य धार्मिक स्थानों, कीर्तन एवं देवताओं की पूजा के समय प्रयोग में लाया जाता है। धार्मिक स्थानों के अतिरिक्त वर्तमान समय में विवाह आदि मांगलिक अवसरों पर ढोलक के साथ गान करती हुई महिलाएं इसका वादन करती हैं।
5. **घुंघरूः**- घुंघरू अति प्राचीन वाद्य है। घुंघरू दो प्रकार के होते हैं एक तो बड़े आकार के जो घोड़े और बैल आदि के गले में डाले जाते हैं लेकिन जो घूंघरू नृत्य आदि में प्रयुक्त किए जाते हैं उनका आकार छोटा होता है। हरियाणा के लोकनृत्यों जिनमें घुंघरूओं का प्रयोग किया जता है वे आकार में छोटे होते हैं। इस प्रदेश के लोक नाटक सांग में जो पुरुष स्त्रियों का वेष भरते हैं, नृत्य करते हुए घुंघरुओं का प्रयोग करते हैं। स्त्रियाँ विवाह, तीज आदि अवसरों पर नृत्य करते हुए घुंघरुओं का प्रयोग करती हैं।

(ग) तत् वाद्यः- एकतारा, सारंगी।

1. **एकताराः**- यह एक अति प्राचीन वाद्य है जो प्राचीन एक तन्त्री वीणा के समान है। प्राचीन काल से लेकर अब तक यह साधु संतों का वाद्य रहा है। भिक्षुक और जोगी इसका प्रयोग करते हैं धार्मिक उत्सवों पर भजन, कीर्तन करते समय भी इस वाद्य का प्रयोग किया जाता है। हरियाणा का प्रसिद्ध वाद्यवृन्द

नगारा वादन तथा होली राग में एकतारे का प्रयोग किया जाता है।

2. **सारंगी:**- हरियाणवी-लोक-संगीत में सारंगी एक प्रमुख वाद्य है। इस प्रदेश के लोक संगीत में रागनी, किस्सा राग, गुग्गा गायन में सारंगी का उपयोग विशेष रूप से किया जाता है। हरियाणा में दो प्रकार की सारंगी प्रचलित हैं:-

   (अ) जोगिया सारंगी:- जोगिया सारंगी का प्रयोग जोगियों द्वारा किया जाता है। हरियाणा में प्रयोग होने वाली जोगिया सारंगी आकार में छोटी होती है तथा उसके घुड़च पर तांत की तीन तार लगे रहते हैं।

   (ब) धानी सारंगी:- धानी सारंगी का प्रयोग हरियाणा में लोक गायकों द्वारा किया जाता है। इस सारंगी में तूम्बा सीधी ओर से स्पष्ट होता है और इसमें दो लोहे के और दो तांत के तार होते हें। सारंगी का वादन गज से किया जाता है।

(घ) सुषिर वाद्य:- बांसुरी, अलगोजा, शंख, बीन।

1. **बांसुरी:**- यह वाद्य बंशी, बांसुरी तथा मुरली के नाम से जाना जाता है। यह अति प्राचीन एवं प्रसिद्ध वाद्य है। हरियाणा के लोक संगीत में बांसुरी का प्रयोग फाग, धमाल, तथा बीन बांसरी नृत्य आदि में किया जता है। बीन के लहरे के साथ इसका अद्‌भुत सहयोग माना जाता है।

2. **अलगोजा:**- हरियाणा के लोकसंगीत में अलगोजा एक प्रमुख भूमिका निभाता है। यह विशेषकर लोक गायन और लोकनृत्य के साथ संगत के रूप में प्रयुक्त होता है तथा स्वतंत्र रूप में भी इसका वादन किया जाता है। यह बांसुरी का ही एक रूप है। अलगोजा वाद्य में दो बांसुरियां एक साथ जुड़ी होती हैं। वादक दोनों ही बांसुरियों में एक साथ फूंक मारता है। प्रत्येक बांसुरी पर तीन-तीन उंगलियां रखी जाती हैं और ध्वनि उत्पन्न की जाती है।

3. **शंखः**- यह एक अति प्राचीन सुषिर वाद्य माना जाता है। हरियाणा के लोक संगीत में इसका उपयोग भक्ति-संगीत, मंन्दिरों में आरती आदि के समय किया जाता है। इस वाद्य का प्रयोग घण्टी, ढोल आदि वाद्यों के साथ किया जाता है। स्वतंत्र रूप से भी यह कहीं-कहीं बजाया जाता है।

4. **बीनः**- बीन हरियाणा का परम्परागत वाद्य है। मूल रूप से यह सपेरों का वाद्य है परन्तु हरियाणा के बहुत से लोक-कलाकारों ने इसमें रूचि ली है और इसे अपनाया है। हरियाणवी कलाकारों द्वारा बीन को चांदी की गुच्छियों, छोटे-छोटे शीशे, चाँदी के रूपये, पैसे सिक्के आदि से सजाया जाता है। लोक कलाकार अपने बीन वादन कला से सुनने वालों को मन्त्र मुग्ध कर लेते हैं। यहाँ तक बीन और बाँसुरी का इतना अधिक महत्व है कि कोई भी कार्यक्रम शुरु करने से पहले बीन-बांसुरी पर लहरे बजाये जाते हैं। हरियाणा का प्रत्येक लोक कलाकार बीन को स्वीकार करता है। फागुन के दिनों में तथा सावन के वर्षा भरे वातावरण में गाँव के लोक कलाकार बीन के लहरे छोड़कर बड़े कर्णप्रिय वातावरण की सृष्टि करते हैं।

ऊपरलिखित वाद्यों के अतिरिक्त हरियाणा में कुछ ऐसे वाद्य हैं जो उसके निकटवर्ती प्रदेश पंजाब आदि में प्रचलित नहीं है केवल इसी प्रदेश में प्रचलित हैं। जैसे अवनद्ध वाद्यों में ताशा, धन वाद्यों में झांझ आदि।

1. **ताशाः**- ताशा नगाड़े से मिलता जुलता वाद्य है। हरियाणा में जलसों, जुलुसों, बाजीगर के तमाशों इत्यादि में ताशा का प्रयोग किया जाता है इसके अतिरिक्त कुछ लोक-नृत्यों में भी इसका प्रयोग होता है। ढोल और ताशे का आपसी मेल है। ऐतिहासिक दृष्टि से खुशी के पर्वों पर इस वाद्य को बजाने की परम्परा है।

   ताशा वाद्य प्रायः मिट्टी का बना होता है। उस पर चमड़े की तांतों के जाल से चमड़ा मढ़ा जाता है। खिचाव के लिए इसे सेंका जाता है। वादक ताशे को बांस की लचकदार खपचियों से बजाते

हैं। इसे गले में लटका कर खाल वाला भाग आगे की ओर करके बजाया जाता है।

2. **झांझ**:- हरियाणा के पुरातन अध्यात्मिक जीवन को पढ़ें तो पूजा पाठ पद्धति के लिए प्रयोग किए जाने वाले वाद्यों में जैसे शंख, मंजीरा, खड़ताल आदि के साथ-साथ झांझ के प्रचलन के ऐतिहासिक प्रमाण भी मिलते हैं। हरियाणा के प्रसिद्ध लोकनृत्य फाग तथा रसिया नृत्य में झांझ का प्रयोग किया जाता है। इसके अतिरिक्त झांझ का प्रयोग ताशे के साथ होता है। यह उत्तेजित करने वाला वाद्य है।

झांझ पीतल या कांसे की बनी हुई चौड़ी सी दो प्लेटे होती हैं जो आपस में टकराकर बजाई जाती हैं। इसकी लम्बाई-चौड़ाई लगभग एक फुट होती है। झांझ मंजीरे से मिलता-जुलता साज है।

ऊपर वर्णित हरियाणा के इन सभी लोक वाद्यों के अतिरिक्त कुछ ऐसे वाद्य हैं जिन्हें आधुनिक कहना उचित होगा। जैसे हारमोनियम, बैंजो, केस्यो टोन, प्यानो आदि ये कुछ ऐसे वाद्य हें जो मूल रूप से लोक वाद्य तो नहीं परन्तु संगीत को और अधिक प्रभावशाली व कर्णप्रिय बनाने के लिए इनका प्रयोग किया जाता है।

हरियाणा के लोक संगीत वाद्यों पर अध्ययन के पश्चात् यह ज्ञात होता है कि जन-मानस लोक-वाद्यों से प्राचीन काल से प्रभावित होता आया है। हरियाणा प्रदेश के लोक कलाकारों ने अनेक वाद्यों को अपनाया है। आधुनिक वाद्य यन्त्रों में से इस प्रदेश के लोक कलाकार केवल हारमोनियम और बैंजो का ही प्रयोग करते हैं। इसके अतिरिक्त और कोई भी आधुनिक वाद्य-यन्त्र हरियाणवी लोगसंगीत में प्रचलित नहीं है जो इस बात को प्रमाणित करता है कि हरियाणा के लोकसंगीत ने अपनी परम्परा को बनाए रखा है। जबकि इसके निकटवर्ती प्रदेश पंजाब में अपेक्षाकृत आधुनिकता का प्रभाव अधिक पड़ा है। इसका एक बड़ा कारण यह भी रहा है कि हरियाणा राज्य के अस्तित्व में आने से पहले राज्य का प्रबन्ध पंजाब वासियों के हाथ में होने के कारण विकास

प्रक्रिया को पंजाब में केन्द्रित किया जाता रहा है। इसके विपरीत हरियाणा में लोग अपने परम्परागत कार्यों में लगे रहे। परिणामतयः उनके नृत्य, गीत और वाद्य आधुनिकता के प्रभाव से बचे रहे।

सन्दर्भ ग्रंथ सूची

1. भारतीय संगीत सरिताः- डॉ0 रमा सराफ, विद्यानिधि प्रकाशन, खजूरी खास, दिल्ली 2003
2. भारतीय संगीत वाद्यः- डॉ0 लालमणि मिश्र, भारतीय ज्ञानपीठ प्रकाशन, नई दिल्ली 1973
3. स्वर और रागों के विकास में वाद्यों का योगदानः- डॉ0 इन्द्राणी चक्रवर्ती, प्रकाशन चौखम्भा ओरियण्टालिया 1979
4. संगति बोधः- डॉ0 शरच्चन्द्र श्रीधर परांजपे, प्रकाशक मध्य प्रदेश हिन्दी ग्रन्थ अकादमी, भोपाल 1980
5. संगीत मंजुषाः- इंद्राणी चक्रवर्ती, प्रकाशन मित्तल पब्लिकेशन्स, दिल्ली 1988
6. हरियाणा के लोक गीतः- डॉ0 भीम सिंह मलिक आर्य बुक डिपो, नई दिल्ली 1981
7. हरियाणा की गौरव गाथाः- उदय भानु हंस, शिशिर प्रकाशन, भिवानी 1981

अध्याय - 5

हिन्दुस्तानी संगीत के शास्त्रीय तत वाद्य

लकड़ी के बने ढाँचे पर ताँबे व लोहे के तार चढ़ाकर उनपर मिजराब, गज या उँगलियों द्वारा प्रहार करके ध्वनि की उत्पत्ति जिन वाद्यों पर होती है, वे तत वाद्य' कहलाते हैं तत वाद्यों को ही 'तंत्र-वाद्य' कहा जाता है, क्योंकि इन वाद्यों में तार लगे होते हैं। तत वाद्य 'स्वर के बाजे' होते हैं। ऐसे वाद्यों को दो भागों में बाँटा जाता है:- 1 तत वाद्य, 2. वितत वाद्य। 'तत वाद्य' वे हैं, जिनके तारों पर प्रहार उँगली या मिजराब से करते हैं जैसे सितार, सरोद, तानपूरा, सुरबहार, सुरसिंगार, स्वरमंडल और रबाब। 'वितत वाद्य' वे हैं, जिनके तारों पर प्रहार गज के घर्षण से उत्पन्न होता है। जैसे सारंगी, दिलरूबा और इसराज।

1. तत वाद्य

सितार

प्रचलित साजों में सितार अत्यंत लोकप्रिय साज है। इसका आकार प्रकार ईरानी तंबूरा और ऊद के समान है। इसके उद्‌भव के संबंध में तीन मत पाए जाते हें। एक मत के अनुसार 13 वीं शताब्दी के अमीर खुसरो ने इसका आविष्कार पर्शियन वाद्य 'ऊद' के आधार पर किया। दूसरा मत यह है कि प्राचीन भारत में 'त्रितन्त्री' अर्थात् तीन तारों वाली जो वीणा रही, उसी का परिवर्तित रूप 'सितार' है। 'सितार' शब्द पर्शियन 'सेह-तार' से बना है, जिसका अर्थ 'तीन तंत्रियों वाली वीणा' है। एक अन्य मत के

अनुसार, भारत की प्राचीन सप्ततंत्री' का रूप बिगड़कर 'सत्तार' और फिर 'सितार' हो गया।

कर्नाटक संगीत में जो स्थान सरस्वती वीणा का है, वही हिन्दुस्तानी संगीत में सितार का है। सितार अपनी महत्ता के साथ-साथ उतना ही या संभवत: उससे भी अधिक लोकप्रिय है। अनेक सितार-वादकों को सांस्कृतिक आदान-प्रदान ने अब भारत से बाहर भी सम्मान और प्रसिद्धि दी है। आज यह सर्वाधिक महत्वपूर्ण भारतीय वाद्य है, चाहे इसके पूर्वज हमारे देश के सीमा-प्रान्तों या उनके पार से ही क्यों न आए हों। अभी हाल के वर्षों तक यह विश्वास था कि इस वाद्य के आविष्कारक 13वीं शताब्दी के कवि-संगीतकार अमीर खुसरो थे। यह पुष्टि करने योग्य तथ्य से अधिक लोक-विश्वास प्रतीत होता है, क्योंकि ज्ञात विश्वसनीय पुस्तकीय प्रमाण 18वीं शताब्दी से अधिक प्राचीन नहीं हैं। 18 वीं शताब्दी के एक लेखक का इतना कहना पर्याप्त है कि तंबूरा ही सितार के नाम से मशहूर हुआ है।

सितार में निचली ओर लगभग गोल तुंबा होता है। जब तुंबा चपटा होता है तो वाद्य को 'कछुआ सितार' कहा जाता हैं तुंबा ग्रीवा के एक ओर चिपका होता है और इसका ऊपरी भाग काष्ठफलक से ढका होता है, जो चपटा या थोड़ा-सा फूला हुआ होता है। ग्रीवा से एक लम्बा दंड जुड़ा होता है, जिसे 'दंडी' कहा जाता है। इसके ऊपर पीतल के उत्तल पर्दे लगे होते हैं, जिन्हें वांछित स्थान तक खिसकाया जा सकता है। इस प्रकार के सचल पर्दों की व्यवस्था को 'चल थाट' कहा जाता है। अधिक कीमती सितारों में दूर वाले सिरे पर एक और तूंबा दंड के नीचे लगा होता है। राग बजाने के लिए धातु के पाँच तार मुख्य मेरु के ऊपर कसे होते हैं। इसके अतिरिक्त सुर के लिए दो तार होते हैं, जिन्हें 'चिकारी' कहा जाता है। इस वाद्य में मुख्य तंत्रियों के नीचे ग्यारह से सत्रह तक कितने ही तार अतिरिक्त गूँज के लिए लगे होते हैं, जिन्हें 'तरब' कहा जाता है (ये कम कीमत के सितारों में नहीं होते)। मुख्य तंत्रियाँ और चिकारी विशेष रूप से चौड़े मुख्य मेरु के ऊपर से गुजरती हैं, जबकि तरबें अपेक्षाकृत छोटे और चपटे मेरु के ऊपर से गुजरती हैं, जो मुख्य मेरु के नीचे ही स्थित होता है। मेरु अस्थि, हिरण के सींग अथवा कठोर लकड़ी का बना होता है। तार तर्जनी

उँगली में मिजराब पहनकर झंकृत किए जाते हें और उँगलियों की गति हथेली के दूर-पास, ऊपर-नीचे, आगे-पीछे होती है। चिकारी का उपयोग आधार-स्वर देने के लिए किया जाता है।

एक मत यह है कि यह वीणा प्राचीन त्रितंत्री से विकसित हुआ वाद्य है। 'त्रितंत्री' संस्कृत नाम है, जिसका अर्थ है-'तीन तंत्रियों वाला वाद्य'। फारसी में 'सेह' का अर्थ है 'तीन' और 'तार' का अर्थ है 'तंत्री' अतः वह वीणा जिसमें तीन तार हों, 'सेह-तार' कहलाई। कालांतर में उसका नाम 'सितार' हो गया। परन्तु नामों में चाहे जितनी समानता हो, संरचनात्मक रूप से दोनों बिल्कुल ही अलग प्रकार के वाद्य हैं। सभी उपलब्ध संकेत यह संशय उत्पन्न करते हैं कि त्रितंत्री से वीणा विकसित हो ही नहीं सकती। अतः इससे अधिक समानता वाले वाद्य के कश्मीरी सितार 'सैतार' है, जो सितार से छोटी वीणा है। इसका दंड तुंबेनुमा स्वर-पेटी से निकलता है और ताँत के कई परदों से युक्त होता है। इसमें एक सँकरा अथवा चौड़ा मेरु होता है तथा सात तार होते हैं। इस प्रकार इस वीणा का आकार, ताँत के सचल परदे और इसका यश हमारी संगीत-सभाओं के वाद्यों में प्रमुख है।

पुराने सितार-वादकों में अमृत सेन, रहीम सेन और निहाल सेन के नाम विशेष रूप से उल्लेखनीय हैं। तानसेन-परम्परा के निर्मल शाह को भी हम नहीं भूल सकते। इन सबका सितार-वादन ध्रुपद और वीणा की परम्परा के अन्तर्गत ही था। उस समय वीणा के अलावा और कोई ऐसी वाद्य-शैली नहीं थी, जिसके अनुशासन को सितार-वादक मानते और जिसके सिद्धान्तों और नियमों का पालन करते। अमृत सेन, रहीम सेन और निहाल सेन से संबंद्ध कुछ एक सी घटनाओं का वर्णन मिलता है जिससे उनके वादन के अलौकिक एवं दिव्य प्रभावों का पता चलता है। उनका सितार-वादन सच्ची साधना का ही एक रूप था। आजकल के सितार-वादन की शैली से उनकी शैली बिल्कुल अलग थी।

सितार को यह महत्व और सम्मान बहुत पहले नहीं मिला। अब से कोई सौ वर्ष पहले इसे सम्मानजनक भी नहीं समझा जाता था। सम्मान का स्थान तब रुद्र वीणा को प्राप्त था। वास्तव में वीणा के पारम्परिक उस्ताद अगर

कभी सिखाते भी थे तो अपनी पकड़ से बाहर के किसी व्यक्ति को वीणा कभी नहीं सिखाते थे। वीणा घराने का विशेष अधिकार थी। अगर किसी बाहरी आदमी ने उनके ज्ञान के दुर्ग का द्वार कभी खटखटाया भी, तो उसे सितार जैसा कोई वाद्य सिखा दिया करते थे। सितार और उसकी शैली को प्रोत्साहन 18वीं शताब्दी के उत्तरार्ध में मिलने लगा। इसी समय में अमीर खाँ, बरकतुल्ला खाँ, बहादुर खाँ और गुलाम रजा जैसे महान् उस्ताद हुए। ये असाधारण रूप से श्रेष्ठ वादक कलाकार थे, जिनके मधुर संगीत ने सितार को सम्मानजनक स्थान तक उठाया और इसे व्यापक मान्यता दिलवाई। संगीत में पसन्द बदल रही थी। मधुर वीणा और उसकी शान्त शैली अपना असर खो रही थी, ठीक वैसे ही जैसे ध्रुपद-गायकी और पखावज-वादन ख़याल और तबला के लिए जगह छोड़ रहे थे। एक लयात्मक शैली विकसित हो रही थी, जिसने सितार-वादन को प्रोत्साहित किया। अनेक सितारियों में से मसीत खाँ और गुलाम रजा का विशेष उल्लेख यहाँ किया जाना चाहिए क्योंकि वे वादन की उन शैलियों के जनक थे जो आज के वादन का मुख्य आधार हैं। मसीत खाँ की रचनाएँ मसीतखानी बाज के रूप में विकसित हुई, जो विलम्बित लय में होती हैं और ताल से तकरार नहीं करती तथा बढ़त के लिए पर्याप्त गुंजाइश देती हैं। दूसरी ओर गुलाम रजा के नाम पर बना रजाखानी बाज द्रुत और चपल हैं। इस प्रकार सितार के अपनी भाषा और मुहावरे के साथ मुख्य वीणा के रूप में विकसित होने के दौरान वीणा के गम्भीर आलाप का स्थान सुरबहार ने लिया, जो सितार का ही एक प्रकार है।

जहाँ तक सितार अमीर खुसरो का आविष्कार होने की बात है, यह मत तर्कसंगत प्रतीत नहीं होता। खुसरो भारतीय तथा ईरानी संगीत का अच्छा ज्ञाता था यह बात सही है, परन्तु उसके पूरे साहित्य में सितार का नाम-निर्देश तक नहीं। प्रसिद्ध इतिहासकार बर्नी ने समकालीन दरबारी संगीत का विस्तृत विवरण दिया है। इसमें प्रसिद्ध संगीतज्ञ मुहम्मदशाह द्वारा बजाये जाने वाले 'चंग' नामक वाद्य का उल्लेख किया है, जो वीणा से मिलता-जुलता था। सितार का नए वाद्य के रूप में आविष्कार उस समय होता तो इसका उल्लेख बर्नी द्वारा अथवा समकालीन साहित्य में अवश्य

किया जाता। अकबर के दरबार के प्रसिद्ध इतिहासकार बुलफजल ने उस समय के भारतीय एवं ईरानी साजों का उल्लेख किया है, जिनमें सितार, सारंगी या तबले का कोई जिक्र नहीं। हाँ, इस समय 'जन्त्री' नामक वाद्य लोक संगीत में प्रचलित था जिसमें दो तुम्बे थे। 6 तंत्रियाँ थीं और 16 पर्दे थे। यह वाद्य प्राचीन त्रितंत्री का विकसित रूप था। अकबरी दरबार में इसको प्रतिष्ठित स्थान प्राप्त नहीं था। इस सम्बंध में एक बात ध्यान देने-योग्य है कि सितार का उल्लेख तुर्की तथा प्राचीन ईरानी साहित्य के अलावा भारत में उपलब्ध पर्शियन साहित्य में पाया जाता है। सितार की मुख्य विशेषता उसके परदों में है, जिनको वांछित स्वरावली में बाँधा जा सकता है। अमीर खुसरो से बहुत पहले भारत में परदे वाली वीणा प्रचतिल थी। उनके प्रायः समकालीन पं0 शारंगदेव के ग्रंथों से ऐसी वीणाओं का प्रचार प्रमाणित होता है। यदि तत्कालीन त्रितंत्री वीणा में ही यथोचित परिवर्तन कर सितार का प्रचलन अमीर खुसरो ने किया हो तो आश्चर्य नहीं। ऐसी स्थिति में उन्हें सितार का आविष्कर्ता मानने के बजाए 'प्रचारक' कहना अधिक श्रेयस्कर होगा।

लोकप्रिय सितार-वादन में इटावा के सितार-वादकों का सबसे ज्यादा नाम हुआ। उस जमाने में इटावा के इमदाद खाँ और इनायत खाँ सितार-वादकों का जैसा नाम हुआ, वैसा और किसी का नहीं हुआ। इनका सितार का बाज पिछले जमाने में सबसे ज़्यादा लोकप्रिय था और दर्जनों सितार के विद्यार्थियों ने उसकी नकल की। बहुत से लोगों को सितार सीखने का शौक उनका सितार सुनकर ही हुआ। इमदाद खाँ सितार के माने हुए उस्ताद थे, जिन्होंने अपना अलग घराना स्थापित किया। यह बाज बंगाल में विशेष रूप से सम्मानित हुआ। इस बाज की शिक्षा कलकत्ते में इमदाद खाँ के पुत्र इनायत खाँ ने अपने बहुत से शिष्यों को काफी समय तक दी। इसका परिणाम यह हुआ कि उनके बहुत से शिष्य सितार बड़े अच्छे ढंग से बजाने लगे।

उस्ताद इनायत खाँ का सितार-वादन सबसे ज़्यादा लोकप्रिय हुआ। सैंकड़ों सितार सीखने वालों को उनके सितार से भारी प्रोत्साहन मिला। आधुनिक युग में सितार वादन के आम प्रचार में उनका बहुत बड़ा योगदान

है। पिछले तीस-चालीस वर्षों के बाज का ही अनुकरण करते रहे हैं। इस बाज का अपना एक अलग ढंग और चरित्र है, जिसमें जोड़, आलाप और गत प्रधान हैं। स्वर, लय और ताल का बहुत बढ़िया काम इनायत खाँ के सितार में था। उनके शिष्यों में प्रमुख सितार-वादकों में विलायत खाँ और रविशंकर का नाम सबसे ज्यादा है। रविशंकर (स्वर्गीय) उस्ताद अलाउद्दीन खाँ के परम शिष्य थे। अब्दुलहलीम जाफर खाँ भी अच्छे सितार-वादक थे। उनके बाज में असाधारण कला-कौशल था। तरुण सितार-वादकों में भी कलाकार हैं। यहाँ उन सबके नाम गिनाना सम्भव नहीं। यदि वे लगन से परिश्रम करते रहेंगे, तो हमें आशा है कि भविष्य में उनका बहुत नाम होगा।

इस समय जैसा सितार-वादन प्रचलित है, उसमें व्यक्तिगत प्रतिभा की प्रधानता है और बहुत हद तक प्राचीन वीणा और रबाब की वाद्य शैली का परित्याग है। यह कहाँ तक ठीक है, इस पर अलग-अलग राय हो सकती है। परन्तु यह तो मानना पड़ेगा कि पुरानी और आजकल के सितार-वादक पुरानी वाद्य-शैली के सिद्धातों को न ठीक से जानते हैं और न मानते हैं। यदि आजकल के सितार-वादक पुराने वादन के सिद्धांतों का परित्याग करके अपनी व्यक्तिगत प्रतिभा पर ही निर्भर रहना चाहते हैं तो वे एक प्रकार की अराजकता के गुलाम भी बन सकते हैं। जिनके पास प्रतिभा है और जो कड़ा परिश्रम भी कर सकते हैं, वे यदि प्रतिभा के बल पर मनमानी छोड़कर प्राचीन वादन-शैली के मूल सिद्धांतों का पालन भी करें तो पुराना बाज किसी हद तक सुरक्षित रह सकता है। यदि पुराने बाज के सारे नमूनों का अंत हो जाएगा और हम पुराने बाज के सब नक्शों को भूल जाएँगे तो प्राचीन वाद्य संगीत और आधुनिक संगीत के बीच एक गहरी खाई पैदा हो जाएगी। जिसे हमारे आधुनिक उन्नतिशील वादक कभी न भर पाएंगे। नई-नई वाद्य शैलियों का आविष्कार करके हम प्राचीन बाज के तत्वों और सिद्धांतों को बिल्कुल भूल जाएंगे। हिन्दुस्तानी संगीत किसी भी सितार-वादक पर जबरदस्ती कोई अनुचित प्रतिबंध नहीं लगाता। परन्तु वादक की व्यक्तिगत स्वतंत्रता इसलिए नहीं है कि वह परम्परा की विचारधारा का परित्याग करके प्रयोगवाद को ही अपना लक्ष्य बनाए। व्यक्तिगत प्रतिभा का निरंकुश शासन हिन्दुस्तानी संगीत की परम्परा के अनिवार्य नियमों और

सिद्धांतों की अवहेलना ही करेगा। यदि प्राचीन बाज की मजबूत नींव पर हम आधुनिक बाज के ढांचे को खड़ा न करेंगे तो आधुनिक बाज के सहस्त्र चमत्कारों से हमारी आँखें चकाचौंध जो जाएंगी और हमारे वादक पथभ्रष्ट हो जाएंगे। हमारे सितार-वादकों को यह सारगर्भित तत्व नहीं भूलना चाहिए।

सरोद

सरोद हिन्दुस्तानी संगीत-सभाओं की सबसे नफीस वीणा है। आजकल यह लगभग सारी दुनिया में जाना जाता है। प्राय: यह दावा किया जाता है कि यह नाम 'शारदा' वीणा से निकला है। किन्तु कल्पना के अतिरिक्त इसका अन्य कोई आधार दिखाई नहीं देता, क्योंकि भारतीय संगीत-साहित्य में इस प्रकार की वीणा की कहीं कोई चर्चा नहीं है। सन् 913 में समरकंद के इलाके से कोई इब्त-अल-अबास आया था, जिसने असाधारण गोलाई का एक तार वाला साज बनाया, जिस 'शरुद' कहा गया। प्राचीन भारतीय फारसी साहित्य में भी सरोद की चर्चा हुई है। उत्तर-मध्यकाल के एक हसन निजामी दिल्ली सुल्तान के दरबार की एक गायिका का वर्णन करते हैं:- "सुरीली कोकिल बेबस आशिक की तरह बिलीखी और वह सरोद के संगीत और रूद के तारों पर एक आशिक की तरह रोई।" आगे भी- "एक हसीनपरी चेहरा फूलों-सी महकली, दमकते रुखसारों वाली जिसने कोयल-सा मीठा गाया और अपनी गूंजती तानों से अलौकिक जादू कर दिया। रूद और सरोद के संगीत ने संयम तोड़ दिया और अपने मुसिकार (एक वाद्य) के झटकों से उसने ऊँचे आसमानों में उड़ते हुए परिंदों को नीचे जमीन तक खींच लिया।" रूद एक वाद्य था, लेकिन सरोद के बारे में हम निश्चित नहीं हो सके कि यहां सरोद का अर्थ किसी प्रकार की वीणा से है अथवा वह कोई धुन है। आज भी मध्य एशिया में उद पायी जाती है, जो छोटी ग्रीवा वाली एक किस्म की वीणा है। यह सब हमें सोचने को प्रेरित करता है कि सम्भवत: सरोद मध्य एशिया के इसी वाद्य से विकसित हुआ। इनमें न केवल संरचनात्मक साम्य है, बल्कि शब्द का अन्त (उद तथा सर उद) भी ध्यान देने योग्य है। रबाब की तरह यह भी लड़की का बना होता है और कटिमय होता है, परन्तु यह अपेक्षाकृत उथला

होता है। दूसरा अन्तर यह है कि दंड पर लकड़ी की बजाए धातु की पत्तियां होती हैं। चार मुख्य तन्त्रियां, चार सहायक, दो आधार के लिए और लगभग एक दर्जन अनुगूँज (तरब) के लिए होती हैं। ये सभी धातु की बनी होती हैं। सरोद भी रबाब की तरह लकड़ी के एक छोटे-से टुकड़े 'जीवा' से बजाया जाता है। रबाब के अनुकरण पर बना वाद्य (सरोद) भारतीय तंत्रकारी में अपना विशिष्ट स्थान रखता है। इसे 'शारदीय वीणा' का अपभ्रंश माना जाता है, परन्तु चूंकि मध्यकालीन संगीत ग्रंथों में इस नाम से कोई वाद्य उपलब्ध नहीं होता, अतएव इसके वर्तमान रूप को रबाब का ही परिवर्तित रूप मानना अधिक उपयुक्त होगा। इसे दो शैलियों में बजाया जाता है:- 1. रबाब की शैली, और 2. स्वर श्रृंगार शैली। तानसेन-परम्परा के बासत खाँ की शिष्य परम्परा में रबाब की शैली प्रचलित रही और रामपुर के उस्ताद वजीर खाँ की परम्परा में सुरसिंगार की शैली अपनाई गई।

सरोद में मुख्य चार तार होते हैं और 12 तार तरबों के होते हैं। ये तरबें मुख्य तारों के नीचे से लगी रहती है और सरोद की झंकार को बढ़ाने में सहायक होती हैं। वर्तमान समय में इसे प्रचार में लाने का श्रेय हैदरअली खाँ को दिया जाता है, जो इस साज को काबुल से लाए। उनके पुत्र गुलामअली के तीन पुत्र थे:- हुसैनअली, मुरादअली तथा नन्ने खाँ। नन्ने खाँ ने सरोद की तालीम तानसेन-परम्परा के प्रसिद्ध रबाब वादक बासत खाँ तथा रामपुर के गुलाम मुहम्मद से हासिल की। आफताबे सरोद उस्ताद हाफिजअली खाँ (ग्वालियर) इन्हीं नन्ने खाँ के पुत्र थे। बासत खाँ के दूसरे शिष्य नियमतुल्ला थे, जिनके पुत्र करामतुल्ला सरोद के श्रेष्ठ वादक हुए हैं। इस साज के विश्व प्रसिद्ध वादक मैहर के उस्ताद अलाउद्दीन खाँ थे, जिन्होंने जयपुर के अहमदअली तथा रामपुर के उस्ताद वजीर खाँ से शिक्षा हासिल की। उन्हीं के पुत्र अलीअकबर खाँ इस साज के सफल कलाकार के रूप में समस्त संसार में प्रसिद्ध थे।

'सरोद' शब्द की उत्पत्ति अरबी शब्द शहस्द से हुई है, जिसका अर्थ है 'संगीत'। अरब का शहस्द और अफगानिस्तान का रबाब मिलकर ही भारत का सरोद बना। इसमें सारंगी तथा वीणा, दोनों के गुण विद्यमान हैं। यह गतकारी के लिए उत्तम वाद्य हैं। इसकी ध्वनि बड़ी मधुर होती है।

तानपूरा

शास्त्रीय गायन में तानपूरे की संगति से गायक अपनी आवाज की स्वाभाविकता नहीं खोता। इस वाद्य से एक प्रकार की धुन सी निकलती है, जिससे गायक को पता चलता रहता है कि उसकी स्वाभाविक आवाज कौन सी है। नहीं तो वह पतला या ज्यादा ऊँचा गाना शुरू कर सकता है जिससे आगे चलकर आवाज फट जाएगी। तानपूरे की संगति से गायक कभी बेसुरा नहीं हो सकता। इसी कारण इसे 'भारतीय संगीत का मूलाधार' कहते हैं। लकड़ी के बने इस वाद्य के नीचे कद्दू का तूँबा लगा होता है। इसमें चार तारें लगी होती हैं, जिन्हें क्रमशः मध्य पंचम, मध्य सा और मंद्र सा से मिलाते हैं। ध्यान से सुनने पर इन चार तारों के छेड़ने पर जो ध्वनि की उत्पत्ति होती है उसमें से सातों स्वरों की ध्वनि सुनाई देती है।

प्रचलित 'तानपूरा' शब्द को 'तंबूरा' शब्द का अपभ्रष्ट रूप कहा जा सकता है। कहते हैं, तम्बरू नामक गंधर्व द्वारा इस वाद्य का आविष्कार किया गया था, इसीलिए उसी के नाम पर इसे 'ताम्बूरम् या तंबोरा' कहा गया। पाणिनीय शिक्षा में 'अलाब' नामक दिस्वरी अर्थात् द्वितंत्री (दो तार वाली) वीणा का उल्लेख मिलता है। अलाबू शब्द का अर्थ तुम्ब फल या तुम्बा होता है। पाणिनीय शिक्षा में उल्लिखित द्वितंत्री वीणा 'अलाबू' को तुबरु कहना वास्तविकता के अधिक समीप होगा। ऐसी स्थिति में मुख्यतः 'अलाबू' अर्थात् 'तुम्बफल' या तुम्बा पर आश्रित इस वाद्य को 'तंबूरा' कहना अधिक उचित है। आज भी महाराष्ट्र तथा भारत के अनेक भागों में 'तानपूरा' शब्द के स्थान पर 'तंबूरा' शब्द अधिक प्रचार में दिखाई देता है। 'तानपूरा' शब्द की व्युत्पत्ति के आधार-स्वरूप विशिष्ट उल्लेख भी मिलता है, इसलिए 'तंबूरा' शब्द का 'तानपूरा' अपभ्रष्ट रूप है, यही अनुमान किया जा सकता है।

उत्तरी तथा दक्षिणी, दोनों संगीत पद्धतियों में तम्बूरे का प्रयोग गायन, वादन तथा नृत्य तीनों के साथ स्वर देने के लिए किया जाता है। श्रुति-शुद्धता तथा षड्ज स्वर का स्थायित्व भारतीय संगीत का सर्वाधिक अंग होने के कारण इस वाद्य का निरन्तर बजाया जाना अनिवार्य माना जाता

है। पाश्चात्य संगीत में न तो श्रुति के सूक्ष्म भेदों का प्रयोग होता है, न आरम्भिक या टोनिक स्वर ही स्थायी रहता है। अतएव वहाँ तम्बूरे जैसे निरन्तर स्वर देने वाले वाद्य की आवश्यकता महसूस नहीं होती।

इस वाद्य का उद्‌भव कब और कैसे हुआ, यह निश्चित रूप से कहना कठिन है। भारत के प्राचीन तथा मध्ययुगीन चित्रों तथा शिल्पों में कहीं भी इस वाद्य का चित्र प्राप्त नहीं होता। प्राचीन काल में गायक के साथ स्वर देने के लिए एकतंत्री एवं द्वितंत्री जैसी वीणाओं की तंत्रियों को निरन्तर छेड़ा जाता था, ताकि गायक का ध्यान आरंभ स्वर पर सदा केन्द्रित रहे। प्रतीत होता है कि इसी आवश्यकता को ध्यान में रखते हुए संवाद-सिद्धांत के आधार पर चार तंत्रियों वाला तम्बूरा प्रचार में आया है।

सुरबहार

यह आकार-प्रकार में सितार के समान होता है। इसमें आठ तार होते हैं, जो म, स, प (मन्द्र), स (मन्द्र), प, स, स, स (तार) में मिलाए जाते हें। इसके तार कुछ मोटे होते हैं। मीड़युक्त आलाप एव ंगमक निकालने के लिए इसमें काफी गुंजाइश होती है। सितार के समान यह भी कोण या मिजराब से बजाया जाता है। बजाने में सितार की भाँति दोनों हाथों का उपयोग होता है। सितार की सारिकाएँ विशिष्ट स्वरावली स्थापित करने के लिए प्राय: सरकाई जा सकती हैं, परन्तु सुरबहार की सारिकाएं अचल अर्थात् स्थायी रूप से बंधी रहती हैं।

रामपुर के वजीर खाँ के दादा उमराव खाँ (जो प्रसिद्ध वीणा वादक थे) के शिष्य गुलाम मुहम्मद को इसका आविष्कारक होने का श्रेय दिया जाता है। उन्होंने सितार का आकार बड़ा करके और उसमें चिकारियों की योजना कर 'सुरबहार' का निर्माण किया। उनके पुत्र सज्जाद मुहम्मद भी इसके अच्छे कलाकार थे। एक अन्य मत के अनुसार, प्रसिद्ध सितार-वादक शेहदाद खाँ ने सितार में सुधार कर इस नए वाद्य का आविष्कार किया। प्रसिद्ध सितार-वादक इमदाद खाँ के पुत्र वहीद खाँ इस वाद्य के श्रेष्ठ कलाकार रहे। मैहर के उस्ताद अलाउद्दीन खाँ अनेक वाद्यों के साथ इस

वाद्य को भी सफलता से बजाते थे। उनकी पुत्री अन्नपूर्णा देवी द्वारा यह परम्परा आज भी सुरक्षित है।

सुरसिंगार

यह वाद्य रबाब के आकार का, किंतु कुछ लम्बा और चौड़ा है। इसकी तंत्रियों की संख्या वही है, जो रबाब में होती है। रबाब की भांति यह भी सारिका-विहीन या परदों से रहित वाद्य है। इसे यदि रबाब का जवाब कहा जाए तो आपत्ति नहीं। इसके सिरे पर जहां स्वरों के लिए खूंटियां लगी रहती हैं, नीचे तुम्बा लगा रहता है जिससे साज की गूंज बढ़ने में सहायता मिलती है। रबाब के विरुद्ध इसकी तंत्रियां धातु की बनी होती हैं और तारों के नीचे सरोद जैसी धातु की पट्टी लगी होती है, जिससे स्वरों पर उंगलियां सरलता से खिसकती हैं। इस वाद्य में आठ तार होते हैं जिन्हें क्रमशः स, स, प, स, ग, स, रे और प में मिलाया जाता है। वादन मुख्यतः पहले तीन तारों पर किया जाता है। अन्तिम दो तारों को राग के अनुसार बदल दिया जाता है। इसमें चिकारियां लगी होने के कारण झाले का काम भली-भांति किया जा सकता है। यह वाद्य रबाब एवं सरोद के बीच वाली स्थिति का प्रतिनिधित्व करता है। इसके आविष्कार के संबंध में विभिन्न मत पाए जाते हैं। एक मत यह है कि लखनऊ के नवाब वाजिदअली शाह के गुरु प्यार खाँ ने इस वाद्य का आविष्कार किया, जो रीवां के महाराज विश्वनाथ सिंह की सभा के माने हुए तंतकार थे। एक अन्य मत के अनुसार, रामपुर के भूतपूर्व नवाब कल्बअली खाँ ने इस वाद्य का आविष्कार किया था। एक मत यह भी है कि तानसेन की परम्परा के जफर खाँ नामक वादक ने पिछली शताब्दी के आरंभ में रबाब के आधार पर इसका आविष्कार किया। जफर खाँ सर्वप्रथम लखनऊ-दरबार में रबाब-वादक रहे, परन्तु बाद में स्थायी रूप से बनारस बस गए। ये शुरू में रबाब बजाते थे, परन्तु एक बार इन्होंने देखा कि जानवर की खाल से मढ़े जाने के कारण तथा चरबी की तांते लगी होने के कारण बरसात के मौसम में यह वाद्य एकदम मंदा पड़ गया। इसलिए उन्होंने लोहे व पीतल के तार तथा नीचे की ओर धातु की पट्टी जोड़कर इस नए साज का निर्माण किया।

जफर खाँ के उत्तराधिकारी बहादुरहुसैन ने अपने मामा प्यार खाँ से सुरसिंगार की शिक्षा प्राप्त की तथा इस साज को लोकप्रिय बना दिया। रामपुर के सर्वश्रेष्ठ बीन-वादक उस्ताद वजीर खाँ, उस्ताद द्दम्मन खाँ उनके भाई हैदरअली आदि इस साज के उत्कृष्ट वादक रहे हैं।

स्वरमंडल

यह एक प्राचीन वाद्य है, परन्तु पिछले 50 वर्षों से अधिक प्रचार में आया है। इसका सोलो वादन बहुत कम पाया जाता है। कुछ गायक अवश्य अपने गायन के साथ सुर भरने के लिए इसको स्वयं बजाते रहते हैं। तम्बूरे के माध्यम से गायक को केवल 'प, स, स, इन चार ही स्वरों की उपलब्धि होती है, परन्तु स्वरमंडल से उन्हें विभिन्न रागों की स्वरावलियां तक मिल जाती हैं। यह अरब और मिस्त्र देश के 'कानून' नामक वाद्य से मिलता-जुलता है। यह लगभग 3 फुट लम्बा, 1.5 फुट चौड़ा और 7 इंच ऊँचा होता है। इसमें 21 से लेकर 19 तक तंत्रियाँ होती हैं, जिनको बजाने के लिए उँगली, नाखून या मिजराब का प्रयोग किया जाता है।

कुछ लोग इसे 'नारदी' या 'महती' वीणा का रूपान्तर मानते हैं। महती वीणा में 21 तंत्रियाँ हुआ करती थीं। 'संगीत-रत्नाकर' के अनुसार, ऐसी वीणा का नाम 'मत्तकोकिला' था। उसके टीकाकार कल्लिनाथ के अनुसार, इसी को लोकभाषा में 'स्वरमंडल' कहा जाता था। इसकी उत्पत्ति प्राचीन शततंत्री वीणा से भी मानी जाती है। इसका एक रूप आज कश्मीर के 'सन्तूर' में मिलता है। यह शब्द फारसी भाषा का है और इसका अर्थ है-'सौ तार'। शततंत्री वीणा प्राचीन वैदिक वाद्य है, जिसका प्रचार सूत्रकार कात्यायन के भी पहले से था। वैसे, इसे 'कात्यायनी वीणा' भी कहा जा सकता है। आधुनिक सन्तूर में सौ तार होते हैं और प्रत्येक घुड़च पर चार तार लगे रहते हैं। 4-4 तार एक ही स्वर में मिलाए जाते हैं। लकड़ी के दो मिजराबों से इसे बजाया जाता है। जोड़, झाला, लयकारी आदि के साथ तरबों की झंकार खास विशेषता रखती है।

स्वरमंडल बजाने की तीन विधियाँ हैं। पहली विधि में वाद्य को हाथ की उँगलियों से बजाया जाता है। गायक लोग जब अपनी संगति के लिए

इस वाद्य का प्रयोग करते हैं, तब इसकी तंत्रियों को वांछित 'मेल' में मिला देते हैं और दाहिने हाथ की उँगलियों से तंत्रियों को छेड़ते रहते हैं। दूसरी विधि के अन्तर्गत दाहिने हाथ की पहली व दूसरी उँगलियों में मिजराबें पहनी जाती हैं और इसी से तारों को छेड़ा जाता है। बाएँ हाथ में अँगूठी या शंख के आकार की गोल वस्तु को लेकर उससे तंत्रियों को दबाया जाता है और विभिन्न गमक तथा अलंकार निकाले जाते हें। तीसरी विधि के अन्तर्गत दोनों हाथों में जलतरंग की भाँति दो लकड़ियाँ लेकर तारों को छेड़ा जाता है, जिससे खुले स्वर तो बराबर निकलते हैं परन्तु मीड़ जैसी क्रियाएँ नहीं हो पातीं। पाश्चात्य पियानों का विकास इसी शैली से बजने वाले 'हार्प' नामक वाद्य से माना जाता है।

स्वरमंडल के वादकों में स्वामी डी.आर. पार्वतीकर का नाम प्रमुख रूप से लिया जा सकता है। उन्होंने इस साज में कुछ परिवर्तन किए। चार स्वरमंडल एक साथ बजाने की एक अद्भुत शैली का आविष्कार भी उन्होंने किया। इसी का जो दूसरा रूप सन्तूर नाम से प्रसिद्ध है, उसके वादक के रूप में कश्मीर के पं0 शिवकुमार शर्मा विख्यात हैं।

रबाब

'रबाब' शब्द अरबी है। आरम्भ में इस शब्द का प्रयोग हर किसी वाद्य के लिए किया जाता रहा, परन्तु बाद में यह विशिष्ट वाद्य का बोधक हुआ। इसके वर्तमान रूप के विकास में मध्य एशिया के 'रिबेक' नामक वाद्य का कुछ योगदान माना जाता है। भारत तथा अरब के परस्पर सम्पर्क तथा सम्बन्धों को देखते हुए इसका मूल रूप मध्ययुगीन 'आलापिनी' वीणा में खोजा जा सकता है। इस वीणा पर ताँत के तार लगाए जाते थे। धातु के तार वाले वाद्यों से 'वीणा' विकसित हुई और ताँत वाले वाद्यों से 'रबाब' का रूप विकसित हुआ। कुछ लोग इसे रुद्रवीणा से उत्पन्न मानते हैं, परन्तु रुद्रवीणा से इसके रूप व रचना की भिन्नता को देखते हुए इसे आलापिनी वीणा का परिवर्तित रूप मानना अधिक उत्तम होगा। यह वाद्य भारत के अलावा उत्तर-पश्चिमी अफ्रीका तथा अफगानिस्तान जैसे देशों में भी प्रचलित है।

यह वाद्य एक लम्बे तथा खोखले डाँड से बनता है। इसके नीचे की ओर लकड़ी का एक तुम्बा होता है, जो डाँड का ही एक हिस्सा होता है। तुम्बे वाला भाग कुछ चौड़ा और ऊपर से चपटा होता है तथा दूसरे छोर की ओर, जहाँ खूँटियाँ लगी रहती हैं, सिकुड़ता हुआ चला जाता है। तुंबे का ऊपरी हिस्सा भेड़ की खाल से मढ़ा रहता है, जिसको 'माँद' कहते हैं। इसके ऊपर बीच में लकड़ी की घोड़ी या घुड़च रखी रहती है, जिसे 'घुड़च-घनी' कहते हैं। दूसरी ओर जो घुड़च होती हे, उसे 'तार-घनी' कहते हैं। इन्हीं दोनों के सहारे रबाब के तार सम्हले रहते हैं। तार छह होते हैं, जो ताँत से बने होते हैं। ये क्रमशः मध्य प, मध्य रे, मध्य सा, मन्द्र प, मन्द्र म और मन्द्र सा में मिलाए जाते हैं। इनको क्रमशः जीर, म्यान, सुर, मन्द्र, घोर और खरज कहते हैं। इनको बजाने के लिए प्रायः लकड़ी या हस्तिदन्त का तिकोना टुकड़ा काम में लाया जाता है, जिसको 'जवा' या 'जरब' कहते हैं। दाहिने हाथ के अँगूठे और पहली तथा दूसरी उँगली से जवे को पकड़कर तारों पर प्रहार किया जाता है और बाएँ हाथ की उँगलियों से ताँत को डाँउ पर दबाकर स्वर निकाले जाते हैं।

रबाब का बाज मध्य लय की आलापचारी का है, जिसमें वीणा के समान मीड़ का विलम्बित अंग प्रायः नहीं पाया जाता। इसकी वादन-शैली में गमक, जोड़, छूट, छपक तथा तार-परन जैसे अलंकार बजाए जाते हैं। तार-परन के अन्तर्गत तबले के आघातों की ध्वनि वाद्य पर निकाली जाती है।

छपक को निकालने के लिए बाएँ हाथ की उँगलियों से तंत्रियों पर हलका सा आघात किया जाता है। ताल की गति को स्पष्ट करने के लिए माँद पर बाई हथेली से प्रहार करने की प्रथा है। सामान्यतः इसकी वादन-शैली बीन की शैली से मिलती-जुलती है। अन्तर यह है कि बीन में विलम्बित मीड़ के लिए जितनी गुंजाइश रहती है, उतनी रबाब में नहीं। बीन में सारिकाएँ होती हैं, जो रबाब में नहीं होतीं। बीन में चिकारियाँ होने के कारण स्वरों का 'भरना' सदैव चलता रहता है और मूल स्वर की ध्वनि अखंड गुंजित होती रहती है। किन्तु रबाब में चिकारी के तार न होने से उनका कार्य सुर के तार से ही लेना पड़ता है।

इस वाद्य का विशेष प्रचार अफगानिस्तान तथा पंजाब की ओर विशेष रूप से दिखाई देता है। पंजाब में सिख-बानियों की संगति के लिए इसी वाद्य का प्रयोग किया जाता रहा। गुरु नानक तथा उनकी शिष्य-परम्परा में इस साज को विशेष पसन्द किया गया था। तानसेन को यह वाद्य प्रिय था और उनके पुत्रवंश में यह बराबर प्रचलित रहा। यह घराना 'सेनिया' के नाम से प्रसिद्ध है। इस परम्परा में गुलाम खाँ के तीन पुत्र-जफर खाँ, प्यार खाँ और बासत खाँ थे, जिन्होंने इस वाद्य के प्रसार में काफी योगदान दिया। बहादुर सिंह, हैदरअली तथा वजीर खाँ (रामपुर) इस वाद्य के श्रेष्ठ वादक रहे हैं।

2. वितत वाद्य

वितत वाद्यों की तारों पर प्रहार गज या लकड़ी की छड़ी पर लगे घोड़े के बालों से घिसकर करते हैं। ये वाद्य गायन-शैलियों का पूर्ण अनुकरण करते हैं। सारंगी, दिलरुबा और इसराज जैसे वाद्य 'वितत' श्रेणी के ही वाद्य हैं, जिनका विवरण यहाँ दिया जा रहा है:-

सारंगी

संगीत सभाओं में प्रयुक्त सारंगी वाद्य लकड़ी के एक ही टुकड़े का बना होता है और लगभग साठ सेंटीमीटर लम्बा होता है। खोखला वाद्य चौड़ा किन्तु नीचे की ओर संकरा होता है और यह चपटे दंड के रूप में बढ़ जाता है। निचला भाग खाल से मढ़ा होता है और स्वर-पेटी की तरह कार्य करता है, जबकि ऊपरी भाग लकड़ी से ढका हुआ रहता है। मुख्य तंत्रियां गिनती में चार होती हैं और आम तौर पर ताँत की बनी होती हैं, जैसा कि उत्तर भारत के वाद्ययंत्रों की विशेषता है। इसमें तरबें भी होती हैं। सबसे अधिक ध्यान देने योग्य उँगलियों की इसकी तरकीब है, जो किसी वाद्य में नहीं होती। उँगलियों के पोरों के स्थान पर इसमें नखों का प्रयोग किया जाता है। इसकी एक अत्यंत विशाल किस्म भी है, जिसे 'मंदर-बहार' कहते हैं। उसकी आवाज बहुत ऊँची होती है और कभी-कभी वह शास्त्रीय संगीत-सभाओं में भी देखने को मिलता है।

किसी अन्य तत वाद्य की अपेक्षा सारंगी एक साथ लोकवाद्य और शास्त्रीय वीणा भी है। यह फिर हमारे संगीत की अबूझ पहेली को खोल देता है। यह एक भारतीय वाद्य है, जो हमारी कुछ लोक-परम्पराओं में गहरे तक रचा बसा है और हिन्दुस्तानी शास्त्रीय संगीत में जिसकी महत्वपूर्ण जगह है। लोक-वाद्य के रूप में प्रचलित सारंगी और शास्त्रीय संगीत में प्रयुक्त होने वाली सारंगी की सरंचना लगभग समान होती है।

उत्तर भारत में सारंगी को नर्तकियों की संगत के वाद्य के रूप में अधिक जाना जाता था और सामाजिक तौर पर सारंगिए (सारंगी-वादक कलाकार) संगीतकारों में सबसे नीचे तबके के माने जाते थे। परन्तु आज तस्वीर बिल्कुल उलट है। उच्च संगीत-सभाओं में सारंगी की बहुत मांग है और इसके वादकों ने राष्ट्रीय व अन्तरराष्ट्रीय स्तर पर सम्मान प्राप्त किया है।

कई प्रकार की लोक-सारंगी हैं, जो बहुत कुछ राजस्थान और निकटवर्ती क्षेत्रों तक सीमित हैं यद्यपि ऊंगली संचालन की विशेष तरकीब युगोस्लाविया तथा यूनान जैसे दूर देशों तक प्रचलित है। हमारे देश में मिलने वाली लोक सारंगी की किस्में हैं:- गुजरातन सारंगी, जोगी सारंगी, सिंधी सारंगी और धानी सारंगी, जो देखने में आम तौर पर एक सी होती हैं लेकिन इनमें सूक्ष्म अन्तर होता है। इन्हीं लोक-वाद्यों से संगीत सभाओं में प्रयुक्त किस्में विकसित हुई हैं।

एक मान्यता के अनुसार सारंगी वाद्य का आविष्कार रावण ने किया। अमीर खुसरो ने इसके आकार एवं रूप को बदलकर इसका नाम 'सौरंगी' रखा, अर्थात् संगीत के सैंकड़ों रागों को प्रस्तुत करने वाली। यह नाम बिगड़कर 'सारंगी' हो गया। सारंगी वाद्य संगत के लिए उत्तम वाद्य है। यह गायक को सहयोग देता है अर्थात् यदि कहीं गायक चूक जाए या श्वास टूट जाए तो यह उस खाई को पार कर राग-सौन्दर्य को बनाए रखता है। इसका कार्य स्वरों को भरना और गायक को प्रोत्साहित करना है। इसे सिरे के नीचे रखकर वादन करते हैं। इसमें तीन तार ताँत के और चौथा तार लोहे का होता है। अनुध्वनि के लिए मुख्य तंत्रियों के नीचे लगभग 15 तंत्रियाँ लोहे की होती हैं।

गायन की संगति के लिए यह साज सबसे अधिक उपयोगी माना जाता है। आज भी इसकी लोकप्रियता बराबर बनी हुई है। इसका विशेष प्रचार ख्याल तथा ठुमरी के साथ हुआ है। इस वाद्य का विकास मध्य काल की घटना है। ई0 13वीं शताब्दी के 'संगीत-रत्नाकर' में 'शारंगी' नामक वीणा का उल्लेख है, परन्तु उसके विवरण के अभाव में उसे सारंगी का पूर्व-रूप मानना युक्तियुक्त प्रतीत नहीं होता। कुछ विचारकों की सम्मति में पं. शारंगदेव के द्वारा आविष्कृत 'शारंगदेवी' वीणा ने ही आगे चलकर शारंगी का रूप लिया। इस वीणा का सही नाम 'नि:शंक-वीणा' रहा है, न कि 'शारंगी' अथवा 'सारंगी' अकबर के दरबारी वाद्य यंत्रों में सारंगी का नाम निर्देश तक नहीं, यह बात इतिहास से प्रमाणित है। ई0 16 वीं शताब्दी के संगीत नारायण नामक ग्रंथ में वर्तमान सारंगी से मिलते-जुलते वाद्य का विस्तृत विवरण पाया जाता है। कुछ छोटे अन्तर के साथ वह हूबहू सारंगी से मेल खाता है।

यह वाद्य साल या पनस जैसी ठोस लकड़ी से बनाया जाता है। यद्यपि देखने में यह मोटा, चौड़ा, भारी और बदसूरत-सा है।, तथापि इसकी आवाज मधुर और मानव-कण्ठ से काफी मिलती-जुलती होती है। इसके नीचे का हिस्सा खाल से मढ़ा जाता है, जिसको 'मन्धान' कहते हैं। यह भाग कुछ चौड़ा होता है और दूसरे सिरे की तरफ छोटा होता चला जाता है। इसके मझले भाग को 'छाती' कहते हैं। इस पर चार मुख्य तार होते हैं जिनमें तीन तांत के और एक तांबे का तार होता है। इनको क्रमशः 'स, प, स तथा म अथवा ग' में मिलाया जाता है। सारंगी-वादकों के अनुसार, ताँतों की मोटाई में आपसी अनुपात होता है। जोड़ी की ताँत यदि 19 हिस्से मोटी हो तो पंचम की 22 हिस्से मोटी होनी चाहिए और खरज की 18 हिस्से मोटी होनी चाहिए। इसमें नीचे की ओर 11 से लेकर 22 तक तरबें होती हैं, जिन्हें राग की प्रकृति के अनुसार मिलाया जाता है।

यह साज धनुषाकार गज या 'बो' से बजाया जाता है। गज दाएँ हाथ से थामा जाता है और स्वर निकालने के लिए बाएँ हाथ की पहली, दूसरी और तीसरी उँगली के नाखूनों का उपयोग किया जता है। वायलिन के समान इसके तारों को उँगलियों से दबाया नहीं जाता, वरन् तारों के किनारों

पर नाखूनों की सहायता से दबाव डाला जाता है। पेशेवर सारंगी-वादकों के नाखून बहुधा घिसे हुए पाए जाते हैं, उसका कारण यही है। इस साज पर गायकी का बाज पूर्ण सफलता से बजाया जाता है। पेशेवर सारंगी-वादकों के नाखून बहुधा घिसे हुए पाए जाते हैं, उसका कारण यही है। इस साज पर गायकी का बाज पूर्ण सफलता से बजाया जा सकता है। गायन की सभी विशेषताओं तथा सूक्ष्मताओं को हूबहू प्रदर्शित कर देना इसकी अपनी विशेषता है।

प्रमुख सारंगी-वादकों में अलबख्श (दिल्ली), साबितअली (ग्वालियर), बुन्दू खाँ (इन्दौर), हुसैन बख्श (लखनऊ), गुलाम साबिर (दिल्ली), गोपाल मिश्र, रामनारायण तथा बैजनाथ मिश्र (बनारस) आदि के नाम लिए जा सकते हैं। इन लोगों ने इस साज को संगत-वाद्य के अलावा एकल या 'सोला' वाद्य के रूप में भी संगीत-समाज में प्रतिष्ठा दिलाई है।

वेश्याओं के संपर्क के कारण यह वाद्य प्रतिष्ठत समाज में कई वर्षों तक उपेक्षित रहा, परन्तु अपनी निजी विशेषताओं के कारण इस समय यह संगति-वाद्यों में सर्वाधिक महतवपूर्ण स्थान प्राप्त करने में सफल हुआ है। इसकी वादन शैली ठुमरी जैसे भावपूर्ण संगीत की संगति करने में अपना विशेष स्थान रखती है, इसमें कोई संदेह नहीं।

दिलरूबा

यह इसराज से मिलता-जुलता वाद्य है, परन्तु आकार में कुछ बड़ा होता है। इसका ऊपर वाला भाग सितार के समान और नीचे वाला भाग सारंगी के समान चौड़ा तथा चमड़े से मढ़ा रहता है। सारंगी की भाँति दिलरुबा बाएँ कधें के सहारे खड़ा करके बजाया जाता है। इसमें चार तार होते हैं, जिनमें से बाई ओर वाला पहला तार मन्द्र म का होता है और शेष तार क्रमश: मध्य स, मन्द्र प तथा मन्द्र स में मिलाए जाते हैं। पहले दो तार स्टील के और शेष दो तार ताँबे के होते हैं। मन्द्र म के तार को 'बाज का तार' कहते हैं। इसका वादन मुख्यत: इसी तार पर विभिन्न परदे दबाकर किया जाता है। परदों की संख्या 15 से 19 तक होती है। योग्य स्वर पाने के लिए इन परदों

या सारिकाओं को आवश्यकतानुसार खिसकाया जा सकता है। परदों के नीचे 22 तरब के तार होते हैं, जिनसे साज की झंकार बढ़ जाती है। इन तारों की खूँटियाँ दंड के दाहिने पार्श्व में एक विशेष पट्टिका पर लगी रहती हैं। यह वाद्य गज से बजाया जाता है, जिसमें घोड़े की पूँछ के बाल लगे होते हैं। यह सारंगी के गज जैसा ही धनुषाकार होता है। कहीं-कहीं नीचे का हिस्सा मोर की आकृति का पाया जाता है। ऐसे साज को 'मयूर-वीणा' या 'मयूर-सितार' कहते हैं।

इस प्रकार हम संक्षेप में कह सकते हैं कि दिलरुबा सितार और सारंगी का मिला-जुला रूप है। इसका आकार सारंगी की तरह होता है, पर दंड की लम्बाई उसमें ज्यादा होती है। इस पर भी सारंगी की तरह गज द्वारा प्रहार किया जाता है। इसके घट-स्थान के नीचे के भाग चमड़े से मढ़े होते हैं। इसमें 19 सारिकाएँ होती हैं, जो सरकने योग्य होती हैं। चार मुख्य तार होते हैं, जिनमें दो लोहे के और दो पीतल के होते हैं। अनुध्वनि के लिए 22 तरब के तार होते हैं। परदे पर जो स्वर बजता है, उससे मिलती तरब अपने-आप बोलकर गूँज पैदा करती है।

इसराज

यह दिलरुबा वाद्य से मिलता-जुलता वाद्य है। इसका आकार सितार से मिलता-जुलता है, परन्तु नीचे का तुंब या घट सारंगी की भाँति बकरी की खाल से मढा रहता है। इसके लकड़ी वाले मुख्य भाग को 'डाँड' और निचले हिस्से को 'कुंडी' कहते हैं। इसमें स्टील तथा पीतल के चार तार होते हैं, जो क्रमशः मन्द्र म, मन्द्र स तथा मन्द्र प में मिलाए जाते हैं। बीच के दो तारों को 'जोड़ी के तार' कहते हैं। पहला अर्थात् मन्द्र म का तार 'बाज का तार' होता है, जिसे 'नायकी तार' भी कहते हैं। साज की गूँज बढ़ाने के लिए मुख्य तारों के नीचे से पन्द्रह-बीस तार लगे होते हैं, जिन्हें 'तरबें' कहते हैं। इन्हें राग के अनुसार भिन्न-भिन्न स्वरों में मिलाया जाता है। इसमें कुल 16 परदे या सारिकाएँ होती हैं, जो पीतल या लोहे की बनी होती हैं। ये सारिकाएँ अपने स्थान पर चिपकी रहती हैं। इस साज को बजाने के लिए गज का प्रयोग किया जाता है, जिसमें घोड़े की पूँछ के बाल लगे

होते हैं। गज को दाहिने हाथ से चलाते हैं और बाएँ हाथ की पहली अँगुली तथा बीच की अंगुली को सारिकाओं पर दबाकर स्वर निकाले जाते हैं।

यह साज 'गायकी तथा तंतकारी, दोनों शैलियों से बजाया जाता है। इस वाद्य के आविष्कार तथा काल के संबंध में कोई प्रमाणिक जानकारी उपलब्ध नहीं। तथापि इतना निश्चित है कि यह वाद्य (जो सारंगी तथा सितार का मिश्रित रूप है) ई0 20वीं सदी का आविष्कार है। संभवत: सारंगी को प्रतिष्ठित समाज में स्थान देने के लिए ही उसमें सितार के परदों को जोड़कर इसराज वाद्य का रूप दिया गया है। इस वाद्य का प्रचार बंगाल प्रदेश में अधिक है।

संदर्भ ग्रंथ सूची

1. भरत का संगीत सिद्धांत: डॉ. कैलाशचन्द्रदेव बृहस्पति: प्रकाशन शाखा; सूचना विभाग, उ. प्र. 1956
2. प्राचीन भारत में संगीत: डॉ. धर्मावती श्रीवास्तव भारतीय विद्या प्रकाशन, वाराणसी; 1967
3. भारतीय संगीत का इतिहास: डॉ. शरच्चन्द्र श्रीधर परांजये; चौखम्बा प्रकाशन, वाराणसी; 1969
4. संगीत परिजात: अहोबल, संगीत कार्यालय, हाथरस (उ.प्र.) 1971
5. संगीत शास्त्र: के वासुदेव शास्त्री; 1968
6. श्रुति-वीणा: डॉ. लालमणि मिश्र; 1964
7. संगीत-मंजुषा: इन्द्राणी चक्रवर्ती; मित्तल पब्लिकेशन, दिल्ली 1988

अध्याय - 6

कर्नाटक संगीत के शास्त्रीय तत वाद्य

भारतीय संस्कृति को गौरवशाली बनाने में कर्नाटक संगीत का एक बड़ा योगदान है। यह संगीत पुराने समय में राजा महाराजाओं के दरबार में गुरु-शिष्य प्रणाली को मानते हुए फला-फूला तथा बाद में महाविद्यालयों में नियमबद्ध तरीके से सिखाया और पढ़ाया जाता रहा है।

कर्नाटक संगीत में हिन्दुस्तानी संगीत की तरह ही शास्त्रीय तत वाद्यों की प्रमुख भूमिका है। शास्त्रीय तत वाद्यों को कर्नाटक संगीत में बहुत महत्व मिला है, जिनके भिन्न-भिन्न प्रकार मिलते हैं। सदियों से ये वाद्य शास्त्र के अनुसार नियमबद्ध तरीके से बजते आ रहे हैं और आज ये बहुत ही शुद्धि के मुकाम पर पहुँच गए हैं। इनमें मुख्यतया विभिन्न प्रकार की वीणाएँ, सुरबीन अथवा गोटटुवाद्यम और वायलिन आदि प्रसिद्ध हैं।

वीणा (बीन)

वीणा प्राचीन शब्द है। प्राचीन तथा मध्यकालीन संस्कृत साहित्य में वीणा शब्द का प्रयोग तत या 'तन्तुवाद्य' के लिए किया जाता रहा और तंतु वाद्य के सभी प्रकार वीणा के प्रकार माने जाते रहे। प्रचलित संगीत में वीणा के दो रूप पाए जाते हैं:- (1) उत्तर भारतीय वीणा, (2) दाक्षिण भारतीय वीणा। प्रथम को रुद्र वीणा तथा ब्रह्म वीणा भी कहा जाता है। इसी का अपभ्रंश वीणाओं का उल्लेख मध्ययुगीन 'संगीतमकरंद' में पाया जाता है, परन्तु उनके आकार-प्रकार का कोई विवरण उपलब्ध नहीं है। ई0 13 के

'संगीतरत्नाकर' में 14 अचल परदों तथा तीन पूर्व तूम्बेवाली वीणा का उल्लेख अवश्य है। परन्तु इसका नाम 'किन्नरी' है, जो वर्तमान वीणा का पूर्व रूप मानी जा सकती है। ई0 17 के परवर्ती पं0 सोमनाथ नारायण तथा अहोबल के संगीत ग्रंथों में रुद्रवीणा का वर्णन मिलता है, जो इसी का विकसित स्वरूप है और उत्तर भारतीय वीणा अर्थात् वर्तमान बीन से मिलता-जुलता है। 'आदि महादेव बीन बजाई' जैसे सदारंग के ख्याल-गीत में बीन का संबंध 'रुद्रवीणा' से है।

वीणा बाँस की लकड़ी से बनी होती है। इसके दण्ड की लंबाई लगभग साढ़े तीन फीट होती है। इसमें प्रायः दो तूम्बे लगे होते हैं। दो तूम्बों के बीच जो दण्ड का हिस्सा है, उसको 'अस्थान' (स्थान) कहा जाता है। इस पर पीतल के 22 से 24 तक परदे लगाए जाते हैं, जो अपने स्थान से हटाये या खिसकाए नहीं जा सकते। इनको 'सुन्दरी' या 'सारिका' कहा जाता है। इन सुन्दरियों के ऊपर से धातु के चार मुख्य तार और पार्श्व में तीन तार रहते हैं। तार क्रमशः मन्द्र म, मन्द्र सा, मन्द्र प तथा मन्द्र ग में मिलाए जाते हैं। पार्श्व के तार मध्य (या तार) सा और मन्द्र सा में मिलाए जाते हैं। इन पर चिकारी का काम किया जाता है। चार मुख्य तंत्रियों को क्रमशः नायकी, खरज, पंचम और लरज कहा जाता है। बजाते समय वीणा का तूम्बा बायें कन्धे पर टिका रहता है और नीचे वाला तूम्बा दाहिने घुटने के सहारे रखा जाता है। तंत्रियों को दाहिने हाथ की पहली और दूसरी अँगुलियों से सारिका पर दबाया जाता है, जिससे स्वरों की उत्पत्ति होती है। चिकारी के तार प्रायः बाएँ हाथ की छोटी अँगुली से बजाए जाते हैं।

बीन पर जो वादन होता है, उसको आलाप, जोड़ तथा गत कहते हैं। आलाप को 'नोम्तोम्' भी कहा जाता है और यह विलम्बित लय में बजाया जाता है। जोड़ में लय कुछ मध्य होती है। इसमें स्वरों को मीड़, घसीट एवं गमक से आपस में जोड़ा जाता है। ये दोनों लयकारी के साथ होते हैं। परन्तु ताल का आरम्भ गत के साथ होता है। बीन के बाज को निम्न 18 भागों में बांटा जाता है 1. अस्थायी वर्ण, 2 अन्तरा वर्ण, 3. संचारी वर्ण, 4. आभाग वर्ण, 5. भोग वर्ण, 6. बराबर की जोड़, 7. गमक जोड़, 8 लड़ी जोड़, 9. झाला, 10. ठोक झाला, 11. कट्ट झार, 12. लड़ी, 13. लड़गुथाव,

14. लड़लपेट, 15. परन, 16. साथ संगत, 17. धुंआ, 18. मठ। इनमें से प्रथम चार विलंबित लय में बजाए जाते हैं। बराबर, गमक और लड़ी की जोड़ मध्य लय में बजाए जाते हैं। पहले 10 खंड़ों तक मृदंग की संगति द्रुत लय में चलती रहती है। यह वाद्य गायकी तथा तंत्रकारी दोनों अंगों से बजाया जाता है।

अकबर के दरबारी मिश्रीसिंह बीन के सर्वोच्च कलाकार थे, जो तानसेन के ध्रुपद-गायन के साथ बीन पर संगत किया करते थे। आगे चलकर ये ही तानसेन के दामाद बन गए और इनका नाम नवाब खाँ हो गया। तानसेन के इसी पुत्री वंश में बीन की परम्परा सुरक्षित रही। रामपुर इसका सर्वोच्च केन्द्र रहा। प्यार खाँ (लखनऊ), वंदेअली खाँ, अमीर खाँ तथा वजीर खाँ (रामपुर), मुराद खाँ (जावरा) तथा असदअली (आगरा) का नाम प्रमुख रूप से लिया जा सकता है।

सरस्वती वीणा

दक्षिण भारतीय वीणा को 'सरस्वती वीणा' या 'तंजौर वीणा' के नाम से पुकारा जाता है। मध्ययुगीन 'संगीत-मकरंद' और 'अभिनव भारती' के रचयिता के अनुसार यह कछुए के आकार की थी। साक्ष्य के अभाव में इसका प्राचीन रूप आज ज्ञात नहीं, तथापि यह कहा जा सकता है कि इसका विकास भारतीय वीणा के समान ही 'किन्नरी' वीणा से हुआ है।

यह वीणा आड़ी रखकर बजायी जाती है। तूम्बा केवल एक ही सिरे पर अर्थात् बायीं ओर लगा रहता है। दाहिने सिरे पर जो घट होता है, वह वीणा-दण्ड के साथ ही जोड़ दिया जाता है। इसमें बीन के समान ही धातु के तार होते हैं। दण्ड पर चार मुख्य तार होते हैं और पार्श्व में तीन तार। प्रथम तार को बाज का तार कहते हैं और शेष तीनों को ताल के तार कहते हैं। प्रथम चार तार क्रमशः मध्य सा, मन्द्र प, मन्द्र सा तथा अतिमन्द्र प में मिलाए जाते हैं। शेष तीन, जिनको 'चिकारी' कहते हैं, क्रमशः तार सा, तार प तथा अति तार सा में लगाये जाते हैं।

वीणा के दण्ड पर 24 परदे या सारिकाएँ होती हैं, जिनको मेट्टु कहते हैं। इसको बजाने का तरीका ठीक वही है, जो उत्तर भारतीय वीणा का है। अन्तर इतना ही है कि इसमें ग के स्थान पर प्रबंध तथा कृतियां बजायी जाती हैं। सरस्वती वीणा का प्रयोग गायन के साथ संगति के लिए किया जाता है और 'सोलो' वाद्य के रूप में भी। इसके प्रसिद्ध कलाकारों में वीण पेरू मालल्य (तंजौर) शेषन्ना, वीणा कुप्पय्य, चिन्नस्वामी दीक्षित, इत्यादि के नाम प्रमुख रूप से लिये जा सकते हैं।

दक्षिण के सांस्कृतिक जीवन में वीणा का महत्वपूर्ण स्थान है। समाज के सभी स्वरों में इसे सम्मान प्राप्त है। वीणा-वादन का कौशल वहां सुसंस्कृति का लक्षण माना जाता है।

भारतीय संगीत की बारीकियों को प्रदर्शित करने वाला यह भारतीय प्राचीन वाद्य है। इससे अभिप्राय है संगीतमय आवाज। संगीतमय ध्वनि की उत्पत्ति करने वाली वीणा वाद्य प्राचीन समय से आज तक आम वाद्य मानी जाती है। तुम्बरू आदिकाल से वीणा वादन में अति प्रसिद्ध हैं। पहले तीन प्रकार की वीणा का उल्लेख मिलता है:- नारदी वीणा, सरस्वती वीणा, विनीत वीणा। प्राचीन वीणा के आधार पर ही सितार वाद्य की उत्पत्ति हुई। वीणा वाद्य में दायें हाथ में मिजराब द्वारा तार पर प्रहार करते हैं और बायें हाथ में पकड़े शीशे के गोले से तार के ऊपर घसीट कर बजाते हैं। इस वाद्य की ध्वनि बड़ी मधुर होती है और इसमें मीड़ गमक का काम बहुत अच्छा दिखाया जाता है।

विचित्र वीणा

विचित्र वीणा वाद्य का पंजाब प्रान्त के पटियाला से अत्यंत घनिष्ठ संबंध है। पटियाला दरबार के सुप्रसिद्ध वीणा वादक अब्दुल अजीज खाँ को विचित्र वीणा नामक वाद्य के आविष्कारक होने का श्रेय दिया जाता है। वस्तुत: यह तथ्य विवादग्रस्त है कि विचित्र वीणा नामक वाद्य अथवा इसके आकार-प्रकार से मिलता हुआ कोई अन्य वाद्य इससे पूर्व भी भारतीय भूमि पर प्रचलित रहा था अथवा नहीं, लेकिन इसमें संदेह नहीं कि वर्तमान युग

में इसको प्रकाश में लाने वाले कलाकार उस्ताद अब्दुल अजीज खाँ ही हैं। उस्ताद अब्दुल अजीज खाँ का संबंध पटियाला दरबार से ही था।

विचित्र वीणा दो तुम्बों वाला वाद्य है, जिसकी डाँड पर चार मुख्य तार चढ़े होते हैं और नीचे तरब के तार होते हैं। विचित्र वीणा का आकार कुछ इस प्रकार का प्रतीत होता है, जैसे दो घड़ों पर एक डाँड रखी हो। इसकी डाँड पर सारिकायें अर्थात् परदे भी बंधे होते हैं और तारों पर स्फटिक अथवा कांच के बट्टे के घर्षण से स्वर उत्पन्न किए जाते हैं और दायें हाथ की उँगुलियों में दो-तीन मिजराबें धारण कर तारों पर आघात किया जाता है।

उस्ताद अब्दुल अजीज खाँ जीवन के पूर्वार्द्ध में सारंगी वादक थे और इसी निपुर्णता ने इनको इस विचित्र वाद्य के वादन में सफलता प्रदान की।

सुरबीन अथवा गोट्टुवाद्यम्

यह आधुनिक दाक्षिणात्य वाद्य है। यह सारिका विहीन होता है। इसको बजाने के लिए आबनूस से बने काष्ठखण्ड का प्रयोग किया जाता है। कुछ वादक तारों को दबाने के लिए लकड़ी के स्थान पर कांच के गोले या बांस के टुकड़ों का प्रयोग करते हैं। तार बजाने के लिए वीणा के समान उँगलियों का प्रयोग किया जाता है। दक्षिण भारत के तमिलनाडु प्रदेश में इस साज को बजाने के लिए 'कोट्' अर्थात् हिरण के सींग का उपयोग करते थे। संभवतः इसी 'कोटु' से इसका नाम गोट्टुवाद्यम् पड़ गया। दक्षिण में इस साज को 'महानाटक वीणा' अथवा 'बाल सरस्वती' भी कहते हैं।

इस वाद्य के दण्ड पर धातु का पत्ता लगा रहता है और इसके ऊपर से चार तंत्रियां लगी रहती हैं, जो मध्य सा, मध्य प, मन्द्र सा तथा मन्द्र म में मिली हुई होती हैं। इन तंत्रियों के नीचे सात स्वरों की सात तरबें लगी होती हैं, जिससे साज की गूँज बढ़ने में सहायता मिलती है। इस वाद्य में गमक का काम बड़ा आकर्षक होता है।

वितत वाद्य-वायलिन

यह विदेशी वाद्य भारत में इस प्रकार अपना लिया गया है कि अब यह

भारतीय वाद्यों की श्रेणी में गिना जाने लगा है। यह लकड़ी का बना बॉक्स-सा होता है, जिसके ऊपरी भाग पर लगे ब्रिज के ऊपर से तारें गुजरती हैं। यह अन्दर से खोखला होता है, जिसके कारण तारों की आवाज गूंजती है। इसमें चार तार प्रयुक्त होते हैं। पहला तार म या प, दूसरा सा, तीसरा प और चौथा तार रे स्वर पर मिलाया जाता है। पहला तार मोटा और अगला तार क्रमशः एक दूसरे से पतले होते जाते हैं। यह संगीत के लिए उत्तम वाद्य है और एकाकी वादन के काम भी आता है। वायलिन के तारों को एक लकड़ी की छड़ी (बो) के आगे लगे बालों के घर्षण से बजाया जाता है।

वायलिन तंतु वाद्यों में सबसे अधिक लोकप्रिय वाद्य है। इसका भारतीय नाम 'बेला' है। विगत शताब्दी के अंत से यह भारतीय संगीत में प्रवेश पा चुका है। लोकसंगीत में उपलब्ध (सारिंदा) नामक वाद्य से इसकी शक्ल विशेष रूप से मिलती-जुलती है। इसमें धातु के स्थान पर ताँत के तीन तार लगे होते हैं और इसका 'टेलपीस' वाला हिस्सा वायलिन जैसा होता है।

भारतीय संगीत में वायलिन के समान गज से बजने वाले वाद्यों का प्रचार प्राचीन काल से रहा है। भारतीय तथा पाश्चात्य विद्वानों का इस संबंध में यह मत है कि गज से बजने वाले वाद्यों का सूत्रपात सर्वप्रथम भारत में हुआ और यहीं से यह विदेशों में फैला। दक्षिण के कुछ मंदिरों में वायलिन के आकार-प्रकार वाले कुछ चित्र मिलते हैं। इसको किस नाम से पुकारा जाता रहा, यह ज्ञात नहीं हो सका, तथापि इतना निश्चित है कि इस वाद्य का विकास भारत में प्राचीन काल से मध्यकाल तक बराबर होता रहा है। माना जाता है कि ई0 13 के लगभग भारत में प्रचलित 'पिनाकी-वीणा' से इसका आकार-प्रकार तथा वादन-शैली अधिकांश में मिलती-जुलती है। पाश्चात्य विद्वानों के अनुसार वायलिन का उद्‌गम वायोला नामक मध्यकालीन वाद्य से हुआ है जो स्वयं मध्य एशिया के 'रिबेका' नामक वाद्य का परिवर्तित रूप है। पाश्चात्य देशों में यह साज 'वाद्यों का राजा' माना जाता है। इसी से मिलते-जुलते कुछ वाद्य भी पाये जाते हैं, जैसे झेलो, वायेला या बेबी-साईज तथा थ्री-फोर्थ इत्यादि। वायलिन तथा इन वाद्यों के बीच केवल आकार प्रकार तथा तारों के ऊँचे-नीचे पन का ही अन्तर होता है।

वायलिन में चार तार होते हैं। इनको लगाने की निम्न चार पद्धतियां हैं:- 1. म सा प सां, 2. म सा प रें, 3. प सा प सां तथा 4. सा प सा प। कुछ कलाकार इसमें इच्छानुकूल अधिक स्वरों के तार भी लगा लेते हैं। दक्षिण में चारों तंत्रियां ताँत की लगाई जाती हैं। इससे उसकी ध्वनि मानव कण्ठ से मिलती-जुलती होती है और गायन की संगति के लिए योग्य बन जाती है। उत्तर में धातु की तंत्रियाँ अधिक पसंद की जाती हैं।

सामान्यत: वायलिन 'म सा प सां' स्वरों में मिलाया जाता है। इसमें दो सप्तकों का स्वर-क्षेत्र वादकों के लिए सुलभ हो जाता है और प्राय: गायकों की संगति का काम भी इससे भली भांति संपन्न हो जाता है। दक्षिण में वायलिन सा प में मिलाने की प्रथा है। इससे लगभग 211 सप्तकों का स्वर-क्षेत्र सुलभता से मिल जाता है। इसके अंतर्गत तार सप्तक के रे से लेकर प तक के स्वर अनामिका (तीसरी अँगुली) या कनिष्ठिका (छोटी अँगुली) को घसीटकर निकालने पड़ते हैं, अँगुली रखने के स्थानों को बदलकर वे स्वर निकालने पड़ते हैं। जैसे तार सां पर पहली अँगुली रखकर 'रें, गं, मं तथा पं स्वरों को बजाने के लिए क्रमश: दूसरी, तीसरी और चौथी अँगुली का प्रयोग करना पड़ता है। यह स्थिति नए छात्रों के लिए कुछ जटिल एवं असुविधाजनक रहती है। चौथी पद्धति पाश्चात्य तरीके से तार मिलाने की है। इसमें तार क्रम से जी (प), डी(री), ए (घ), ई (ग) में मिलाने की परम्परा है। इस पद्धति का अंगीकार प्राय: फिल्मी संगीत में किया जाता है। इसको मानने वाले भारतीय वादन वायलिन 'म सा प रे' में मिलाते हैं।

वायलिन वादन की तीन शैलियां प्रचलित हैं:-

1. गायकी शैली, 2. तंत्री शैली तथा 3. फिल्मी शैली। प्रथम में विलंबित ख्याल गायकी तथा उसके सभी अंग ओर उपांग मींड़, गमक, घसीट आदि के साथ निकाले जाते हैं। यद्यपि वायलिन का प्रत्येक तार एक ही स्वर में बँधा रहता है तथापि घसीट के द्वारा अथवा वायलिन का प्रत्येक अँगुलियों की स्थिति बदलकर एक तार में पूरा सप्तक निकाला जाता है। दूसरी शैली में सरोद, सितार तथा

बीन की भाँति दा, दिर, दिर जैसे बोल इस पर बजाये जाते हैं और स्वरों के विविध अलंकार बजाने के लिए गज का प्रयोग बहुलता से किया जाता है। इस शैली में गीत के स्थान पर गत, तोड़ा तथा झाला इत्यादि बजाये जाते हैं। तीसरी शैली सिनेमा संगीत में पाई जाती है। इसमें पाश्चात्य संगीत की अंगुली-स्थापन की विधि का भरपूर लाभ उठाया जाता है और एक समय पर ही विभिन्न स्वर-स्थानों को दबाकर हारमनी के स्वर-गुच्छों (Cords) को बजाया जाता है।

ख्याल शैली के वादकों में पं. गजानन राव जोशी, पं. धुंडिराज पलुस्कर, वी.जी. जोग, दातार तथा जहुर अहमद आदि के नाम लिए जा सकते हैं तंत्र शैली के वादकों में स्व. गगन, बाबू तथा पासेकर के नाम विशेष रूप से लेने योग्य हैं। दक्षिण में गायकी शैली का प्रचार अधिक है। स्व. द्वारम वेंकट स्वामी नायडू, स्व. चौडैया, पी. सुंदरम् नैययर जैसे विद्वान् इस वाद्य के वरिष्ठ कलाकारों में से हैं। प्रो. सुंदरम् के सुपुत्र श्री गोपाल कृष्णन् उत्तरी तथा दक्षिणी दोनों शैलियों के सफल एवं सिद्धिहस्त कलाकार हैं।

संदर्भ ग्रंथ सूची

1. भारतीय संगीत का इतिहास: उमेश जोशी, 1978
2. भारतीय संगीत-वाद्य: डॉ. लालमणि मिश्र, 1973
3. मुसलमान और भारतीय संगीत: आचार्य बृहस्पति, रामकमल प्रकाशन, दिल्ली, 1974
4. भारतीय संगीत सरिता: डॉ. रमा सराफ, 2003
5. हमारे संगीत रत्न: लक्ष्मी नारायण गर्ग, संगीत कार्यालय, हाथरस 1978
6. ध्वनि और संगीत: ललित किशोर सिंह, भारतीय ज्ञानपीठ, दिल्ली 1971
7. संगीत शास्त्र पराग: गोविन्द राव, राजुरकर, राजस्थान हिन्दी ग्रन्थ अकादमी, जयपुर 1982

अध्याय - 7

हरियाणा के लोक नृत्य

लोक-नृत्य किसी व्यक्ति विशेष की देन न होकर सामूहिक मनोरंजन एवं उल्लास की देन है। भारत के विभिन्न प्रदेशों में अनेक त्यौहार, मेले आदि उत्साहपूर्वक मनाये जाते हैं। प्रत्येक जाति, वर्ग, क्षेत्र और काल की सीमाओं के बीच लोक-नृत्य की अपनी परम्परा चली आ रही है, जिसने विभिन्न संस्कृतियों के मेल से अपने स्वरूप को कहीं निखारा है तो कहीं मिश्रित किया है। उल्लास की अभिव्यक्ति के श्रेष्ठतम् साधन लोक-संगीत और लोक-नृत्य ही हैं। लोक-नृत्यों की स्वतंत्र तथा सामूहिक अभिव्यक्ति के रूप में हृदय की भावनाएं, आंगिक चेष्टाएं, नृत्य तथा संगीत में गूंथ कर मुखरित हुई हैं। लोक-नृत्यों में देश की स्वस्थ कला परम्परा, जन-तन की उमंगें, जीवन की मुस्कान, मनुष्य की सौन्दर्य-उपासना और मन की बन्धन मुक्त उड़ान के दर्शन होते हैं।

हरियाणा के लोकनृत्य की परंपरा

हरियाणा प्रदेश की लोक-नृत्य परम्परा यहाँ के जनजीवन के सांस्कृतिक पक्ष को पूर्णतया उजागर करती है। ग्रामीण सभ्यता से प्रभावित कृषि प्रधान प्रदेश में यहाँ के जन-सामान्य के रहन-सहन, खान-पान, तथा वेषभूषा के दिग्दर्शन के साथ-साथ मनोरंजन के साधनों में प्रयुक्त ताल-वाद्यों एवं स्वर-वाद्यों के प्रयोग से युक्त उल्लासपूर्ण लोक-नृत्य अपना विशेष महत्व रखते हैं। हरियाणा प्रदेश के लोक-नृत्य पाश्चात्य संस्कृति के प्रभाव से अछूते रहकर लोक संस्कृति के रंग में रंगे हुए हैं।

इन लोक-नृत्यों में उसके निकटवर्ती प्रदेशों के अन्तर्गत ब्रज और राजस्थान के लोक-नृत्यों का प्रभाव दिखायी देता है। लोक-नृत्यों में लोक-भावना की स्वाभाविक अभिव्यक्ति होती है। इनमें बदलते हुए समय, आवश्यकताओं के साथ-साथ अनगिनत नये प्रयोग किये जाते हैं। हरियाणा के लोक-नृत्यों की दीर्घ परम्परा है। नृत्यों के साथ गाये जाने वाले गीत बहुत सरल होते हैं और हरियाणा की अपनी लोक-धुनों पर आधारित होते हैं। नृत्य में गीत का समावेश बीन, बांसुरी, सारंगी, हारमोनियम तथा सुरताल बनाए रखने के लिए साथ में नगाड़ा, ढोल, ढोलक, ताशा, खंजरी, डफ आदि वाद्यों की सहायता ली जाती है। नर्तकों की वेशभूषा से यहाँ के लोगों का चमकीले रंगों और आभूषणों के प्रति प्यार झलकता है।

हरियाणा के लोक-नृत्यों को निम्नलिखित प्रकारों में बाँटा जा सकता है धार्मिक, सामाजिक तथा ऋतु नृत्य।

1. धार्मिक नृत्य

धार्मिक नृत्यों में देवी-देवताओं की पूजा नृत्य संगीत के द्वारा की जाती है। इसी प्रकार के नृत्यों में वाद्य-यंत्रों की भी सहायता ली जाती है। वाद्य-यंत्रों में प्रमुख रूप से ढोल, मंजीरा, झांझ, सारंगी, डफ, एकतारा, हारमोनियम आदि। धार्मिक नृत्यों में प्रमुख हैं:- रास, गूगा नृत्य, रामलीला, गणगौर-पूजा नृत्य, घूमर, दीपक आदि। इस प्रकार के नृत्यों में कुछ ही अंगों का संचालन होता है तथा विविधतापूर्वक नहीं होता। गीतों के बोल पर अंगों का संचालन अपने आप होने लगता है तथा इस प्रकार के नृत्यों में अधिकतर भाव-नृत्य हैं।

रास नृत्य

रास शब्द की उत्पत्ति-'रस' शब्द से हुई है। जैसे रस्यते इति रसः। इस नृत्य में रस की सृष्टि नृत्य, अभिनय, गायन तथा वादन द्वारा होती है। रास एक प्राचीन नृत्य है और भगवान कृष्ण की बाल-लीलाओं से संबंधित है। भगवान कृष्ण ने द्वापर युग में अपने लोक रंजक रूप में अवतरित होकर जो नृत्य गोपियों के साथ किया वही रास नृत्य कहलाता है। अतः ब्रज

भूमि रास नृत्य की जन्मभूमि है। हरियाणा प्रदेश में भी यह नृत्य बहुत प्रचलित है।

गूगा नृत्य

भादों के महीने में गूगा पीर के श्रद्धालु भक्त गूगा की छड़ी के चारों ओर घूमते हुए नाचते हैं। भक्तजन छड़ी को गाँव-गाँव घुमाते हुए नृत्य का प्रदर्शन करते हैं, विशेषतया गूगा नवमी के त्यौहार पर झूमते हुए नृत्य करते हैं। इस नृत्य में सारंगी और डेरू बजते हैं। श्रद्धालुओं के पूजा के ढंग पृथक-पृथक हैं, किन्तु ताल तथा गीत मिलते-जुलते हैं। अन्य प्रदेशों की तरह हरियाणा में भी यह पीर सामान्य रूप से प्रतिष्ठित हैं।

हिसार, सिरसा तथा अन्य भागों में भिन्न-भिन्न नृत्य-गीत गूगा के विषय में उपलब्ध हैं:-

(क) लीला सा घोड़ा, गोरा गाभरू, धरती में गया समाय, जा राणा एक बर घर आ।

(ख) रूख सब सूख गए, तू क्यों हरियाली जाल, बारी मेरे जाहिर मिल रहियां।

रामलीला नृत्य

किसी न किसी रूप में देश-विदेश सभी जगह रामलीला का प्रदर्शन होता रहता है। रामलीला में अभिनय किया जाता है तथा नर्तक इसे नृत्य का उपादान बनाते हैं। नृत्य के रूप में रामलीला का यह प्रयोग रामलीला की प्रगति ही कहलायेगा।

हरियाणा के गाँवों में सर्दी के दिनों में महीने पहले रामलीला का प्रदर्शन शुरु हो जाता है। बहुत से गांवों में रामलीला दिन के समय होती है। ग्रामीण जीवन में इसका बहुत महत्व है।

गणगौर पूजा नृत्य

राजस्थान की सीमा के साथ लगने वाले हरियाणा प्रदेश के हिसार जिले

के बहुत से ग्रामों में गणगौर पूजा का त्यौहार बड़ी श्रद्धा तथा धूम-धाम से मनाया जाता है। होली के दूसरे दिन होली की राख को जल से गूंथ कर गणगौर और ईसर की मूर्तियां बनाई जाती हैं। प्रातः काल से कन्याओं की टोलियां नाचती, गाती हुई जल, दूध तथा पुष्पादि लेने निकल पड़ती हैं। पूजा के समय नाच होता है। नाच के साथ गाये जाने वाले गीतों में नव-वधुओं के लिए अमर सुहाग की कामना रहती है। गीत कुछ ऐसे हैं:-

हरी हरी दूब ल्यो, गणगौर पूज ल्यो।
राणी पूजे राज नै, म्ह पूजां सुहाग नै,
राणा को राज तपतो जाये,
म्ह को सुहाग बढ तो जाये।

घूमर-नृत्य

घूमर स्त्रियों का सामूहिक नृत्य-गीत है। यह मूल रूप से राजस्थानी लोक-नृत्य है फिर भी राजस्थान सीमा से लगते हुए हरियाणवी गांवों में जन-मानस को इस नृत्य ने पूर्णतया प्रभावित किया है। यह नृत्य होली, तीज जैसे विभिन्न त्यौहारों पर किया जाता है। नर्तकियां अपने हाथ में पूजा की थालियाँ लेकर मन्दिर जाती हैं और कहरवा की धुन पर गाती और नृत्य करती हैं। मुख्य हाव-भाव धीरे-धीरे एक दायरे में घूमने का होता है। कभी-कभी वे एक दो पंक्तियों से बोल बना लेती हैं। साथ ही शब्दों के अनुसार से हाथों को हिलाती हैं। लोक गीत का मूल विषय धार्मिक होता है। इस नृत्य में जैसे-जैसे नृत्य समाप्ति की ओर बढ़ता है, उसकी गति तेज होती है जबकि नर्तकियाँ जोड़ों में वृताकार रूप में घूमती हैं।

दीपक नृत्य

हरियाणवी लोक-नृत्य की परम्परा में दीपक नृत्य का नाम हाल ही में सामने आया है। इस नृत्य में स्त्री और पुरुष हाथ में दीपक लेकर विभिन्न मुद्राओं में विलम्बित गति से नाचते हैं। दीपक नृत्य के माध्यम से भक्ति भावना प्रकट होती है। रात के समय प्रस्तुत किये जाने वाले इस भक्तिरसपूर्ण

लोक-नृत्य में सबसे अधिक प्रभाव पंक्तिबद्ध नाचते नर्तकों के हाथों में लिये हुए मिट्टी के दीपक ही उत्पन्न करते हैं।

2. सामाजिक नृत्य

स्त्रियों और पुरुषों के नृत्य अलग-अलग हैं। सामाजिक नृत्य मुख्यतः समूह-नृत्य होता है। पुरुषों के सामूहिक नृत्यों में स्वर-ताल के आधार पर पद-संचालन होता है, जबकि स्त्रियों के नृत्यों में इसका कोई बन्धन नहीं है। स्त्रियां एक-दूसरे का हाथ पकड़कर वृत्ताकार नृत्य करती हैं तथा नृत्य के साथ गीत भी गाती हैं।

सामाजिक नृत्यों में प्रमुख हैं:- धमाल नृत्य, फाग नृत्य, डफ नृत्य, रसिया नृत्य।

धमाल नृत्य

धमाल नृत्य बसन्त ऋतु के स्वागत में जब सर्दी का वेग कुछ कम होने लगता है फागुन मास की चांदनी रातों में किया जाता है। जब फसलें कटने के लिए पककर तैयार हो जाती हैं तो किसान वर्ग खेतों को बड़े उल्लास एवं संतोषपूर्वक देखता है। वह अपनी पसंद के रंग-बिरंगे वस्त्र धारण करके धमाल नृत्य के रूप में अपना आनन्द प्रकट करता है।

धमाल नृत्य के साथ गाए जाने वाले गीत का एक उदाहरण इस प्रकार है:- डफ मधुरो बजायै, छोरा लीलगर का,

ऐसा बजायै जल जमुना सुणीजै,
जमुना का नीर मधुर हो जाये, डफ मधुरो बजाये.......।

फाग नृत्य

फाग नृत्य में स्त्री-पुरुष मिलकर नाचते हैं। वे हाथों, आंखों और पावों से नृत्य की ताल की मात्राओं की गिनती करते हैं, साथ ही नृत्य की लय को संभालते हैं। यह नृत्य देखने में सादा है, किन्तु थिरकते पांवों के साथ जो बारीकियां पैदा की जाती हैं जन-साधारण को आकर्षित करती हैं।

ढोल की आवाज से आकृष्ट होकर नर्तक इकट्ठे हो जाते हैं। पुरुष गीत गाते हैं:- फागुन आया रंगभरा रौ और धरे में खड़े होकर होली की उल्लास भावना से गुलाल और पिचकारियों के साथ नृत्य करते हैं। स्त्रियां रंग-बिरंगे घाघरे पहन कर आती हैं। पुरुष हुल्लडबाजी करते हुए उन्हें अपने साथ नाचने का निमंत्रण देते हैं। इस नृत्य के साथ गाये जाने वाले गीतों के बोल इस प्रकार होते हैं:-

गोरी जागे से भाग, आज खेला रै फाग,
रल मिल के....... हम सै कुए की पनिहार,
खेला रै प्यारी सारे मिल के फाग,
मस्त महीना आ गया।

डफ नृत्य

यह नृत्य एक मौसमी नृत्य है जिसका संबंध फसल पकने और बसंत ऋतु से है। उल्लास अभिव्यक्त करने के लिए गांव के सभी वर्गों के स्त्री-पुरुष इस नृत्य में भाग लेते हें और वे नाचते समय अपने परम्परागत आभूषण तथा रंगीन पोशाकें पहनते हैं।

इस नृत्य में पुरुषों के पास बजाने के लिए डफ होते हैं और स्त्रियां संकेत भाषा के लिए हाथों का प्रयोग करती हैं। पुरुषों द्वारा डफ ध्वनि और स्त्रियों की हस्त-मुद्राओं और सुचारू रूप से पग-संचालन के साथ-साथ नृत्य विभिन्न पंक्तियों और लयपूर्ण गाने के साथ तीव्र होता जाता है। गीत इस प्रकार के होते हैं-

डफ बजें, मंजीरे बजे संग,
देस म्हारो रंग बरसे।

रसिया नृत्य

रसिया का अर्थ है:- 'आनंद देने वाला'। किसी विशेष पर्व पर यहां के लोग इकट्ठे होकर उल्लासित भाव से नाचते गाते हैं।

बच्चे, युवा तथा गांव के बड़े-बूढे सभी इस रंग में रंग जाते हैं। यही उनके मनोरंजन का सबसे बड़ा साधन है। कई बार इस नृत्य गान की प्रतियोगिताएं भी होती हैं। विजेताओं को पुराने रीति-रिवाजों के अनुसार गुड़ की भेलियां दी जाती हैं। इस नृत्य में नक्कारे, झांझ, थाली तथा ढोलक आदि वाद्यों का प्रयोग होता है।

नृत्य के साथ गाने के बोल समयानुसार होते हैं। प्रत्येक ऋतु तथा अवसर से संबंधित पृथक्-पृथक् गीत होते हैं। बसंत पंचमी पर बसंत ऋतु का ही वर्णन होता है। उदाहरणार्थः-

मोर मुकुट की लटक बसंती,
चन्द्र कला की लटक बसंती,
सिर पर सोहे सितबन, कुण्डल छबिहार बसंती,
माथे चंदन लग्यो बसंती, कटि पीताम्बर भी बसंती।

3. ऋतु नृत्य

हरियाणा के ऋतु-नृत्यों में सबसे अधिक नृत्य वर्षा ऋतु से संबंधित हैं। ये नृत्य गीत सावन के महीने में होते हैं। वृक्षों में झूले पड़ जाते हैं। कुवारों और नई विवाहिता बहुएं दिन भर झूला झूलती हैं और रात्रि में अपने मुहल्ले में इकट्ठी होकर नाचती तथा गाती हैं। इन नृत्य-गीतों में ताल देने का काम ढोलक से लिया जाता है। सामान्यता ऋतु नृत्यों में तीज-नृत्य, झूला-झूलन, रतबाई नृत्य, लहूर नृत्य, बारहमासा, प्रमुख हैं।

तीज-नृत्य

सावन मास में तीजों के त्यौहार पर स्त्रियां अपने पीहर पहुँच जाती है। तीज के दिन स्त्रियां अपने हाथों पर मेहंदी लगाती हैं। रंग-बिरंगे वस्त्र, चूड़ियां और आभूषण पहनती हैं। कुंवारी और नई विवाहिता बहुत झूला झूलती हैं तथा सावन के गीतों के साथ नृत्य करती हैं। ढोलक के ताल से उनके पांव थिरकते हैं।

सामण आया, हे मां मेरी, मैं सुण्या जी,
हांजी कोए, आई है नवेली तीज,
पडी ए पंजौली हरियल बाग मैं जी।

झूला-झूलन नृत्य

हरियाणा में प्रत्येक ऋतु और मास में कोई न कोई व्रत त्यौहार आते रहते हें किन्तु सावन मास की तो बहार ही अलग है। एक तरफ तो रिम-झिम वर्षा होती है। मोर पपीहे बोलते हैं। दूसरी ओर युवतियां बाग बगीचों में झूले डालकर खूब गाती तथा नृत्य करती हैं। झूला-झूलन का एक गीत जिस पर युवतियां नृत्य भी करती हैं इस प्रकार है:-

बारिस आई है माँ मेरी रिमझिमी जी,
आं री, हम सभ सखी झूलण जाय,
पडी ए पंजौली चम्पे बाग मैं जी।

रतवाई नृत्य

वर्षा के दिनों में रतवाई नृत्य भी किया जाता है जिसे स्त्री-पुरुष मिलकर करते हैं। इस नृत्य में पांव अपने आप थिरकने लगते हैं। गाने की ध्वनि अति तीव्र होती है जिसे सुनकर अन्य स्त्री-पुरुष भी उनके नृत्य में शामिल होकर आनन्द विभोर हो जाते हैं। रतवाई मुख्यतः मेवात का नृत्य है। सीमावर्ती प्रदेश होने के कारण हरियाणा ने भी इस नृत्य को अपना लिया है।

मालवा देश के एक अमीर घराने की कन्या मेवात में ही ब्याही गई। ससुराल पहँचते ही मेवात की उबड़-खाबड़ भूमि उसके मन को कुछ भाई नहीं। अतः इस नृत्यात्मक गीत में वह कहती है:-

पीहर मेरो मालवो, कचरी री जानूं भारयो,
सब सूं बड़ो तरबूज।
मेरो तो मन मानै नाय, मुल्क तेरो गिदाबडो,
पीहर मेरो मालबो।

इस नृत्य की विशेषता यह है कि इसकी लय मंद्र से मध्यम और फिर धीरे-धीरे द्रुत में बदल जाती है और अति द्रुत होकर पुनः मंद्र में आ जाती है।

लहूर नृत्य

लहूर स्त्री लोक-नृत्य है। होली के एक मास पूर्व ही हरियाणा के गांव-गांव में देवर-भाभी की मस्ती, छेड़-छाड़ आरंभ हो जाती है। दिनभर स्त्री-पुरुषों की किलोलात्मक क्रीडाएं चलती रहती हैं। सभी छोटी-बड़ी, बूढी-जवान स्त्रियां यथाशीघ्र अपने गृह कार्यों से निपट कर हुडदंग मचाने के लिए पूर्व निश्चित किए स्थान पर पहुँच जाती हैं। इस अवसर पर गाए जाने वाले गीत का उदाहरण इस प्रकार है:-

इसी गजब की बहु बणूगी,
जब सौल्ह सिंगार करूं।
गांभरूआ मैं रूका पड्ज्या,
बूढयां तक भी पार करूं।

ऋतु का जादू साठ साल की बुढिया को भी रसीली चटको-मटको बना देता है। उसका शरीर आनंद से दोलायमान हो उठता है। दिल की बात बरबस जुबां पर आ जाती है:-

छोरे मारूंगी-मरोड देई तोड गडूंगी रे,
जब आज्यागा तेरा ताऊ धरती फोड़ गडूंगी रे।।

बारहमासा नृत्य

ऋतु-नृत्यों में बारहमासा नृत्य-गीत भी मिलता है। हरियाणा में बारहमासा का विशेष वर्णन सावन मास में होता है। इन नृत्य-गीतों में वर्ष भर के बारह महीनों में होने वाले दुखों का वर्णन होता है। एक प्रकार के बारहमासिया नृत्य-गीत के भाव यह है कि सभी मास सुहावने होते हैं, यदि घर पर प्रियतम हो:-

चेतज मास सुहवणा सुआरे, रे सुंआ,
जै घर हो हर के लाल,
लै लामणी करावती सुआ रे।

सपेरा नृत्य

हरियाणा में ऋतु-नृत्यों के अतिरिक्त एक सपेरा-नृत्य भी प्रसिद्ध है। बीन हरियाणवी लोक संगीत का विशेष वाद्य है। सपेरा-नृत्य में सपेरा बीन बजाता है। युवती बीन की मधुर आवाज सुनकर मुग्ध हो जाती है और सपेरे को बार-बार उसी धुन को बजाने के लिए कहती है तथा उसके साथ चलने का आग्रह करती है। सपेरे की मधुर धुन के साथ युवती मुग्ध होकर खूब नृत्य करती है। नृत्य के साथ गाये जाने वाले गीतों के बोल कुछ इस प्रकार होते हैं-

सपेल्ले बीन बजा दे हो,
चालूंगी तेरे साथ, महलां के रहण आली,
रे तनैं झूंपडी लगै उदास,
झंपड़ी मअं गुजर करूंगी,
हो चालूंगी तेरे साथ।

यह नृत्य हरियाणा में बहुत प्रसिद्ध है। इस सपेरा नृत्य के लिए कोई विशेष समय या ऋतु निर्धारित नहीं है बस अवकाश का समय चाहिए।

खोडिया नृत्य

यह स्त्री-लोक नृत्य ब्याह-शादियों के अवसर पर महिलाओं द्वारा वर-पक्ष के निवास स्थान पर उस रात खेला जाता है जिस रात दुल्हा बारात लेकर नई नवेली दुल्हन को लेने ससुराल जाता है। घर में केवल स्त्रियां होती हैं जो बड़े-बूढ़ों की आदतों का मजाक उड़ाते हुए गीतों को गाती हुई नाचती हैं। एक स्त्री गीत को धीमी लय में प्रारम्भ करती हे अभी वह पूरी कली नहीं गा पाती कि अन्य स्त्रियां उस गीत के बोल छीनकर सामूहिक रूप से गाने लगती हैं। गाने की लय बढ़ते ही नृत्य आरंभ हो जाता है। अति

द्रुत–लय में पहुंचते ही एक झटके के साथ एडी की चोट से ताल सम पर आ जाती है। कभी –कभी आपस में भी नोंक–झोंक हो जाती है। कभी कोई बुढ़िया एक पुराना टोप सिर पर रख कर कमर मटकाती आगे जाती है और पोपले मुंह से गाने लगती है:-

मारूंगी मरोडा धरती फोड गैरूंगी।
काची कली अनार की गुलकंद बणूंगी रे।

एक ओर से आवाज आती है:- ईब ताई बुढापे में गुलकंद बणेगी।

दूसरी कहती है:- रे ताई। कित की इमरिती बणेगी। कोए खांसी आला बुड्ढा दरड जागा तन्नै।

लोक नृत्यों के साथ गाये जाने वाले लोक गीतों में कहरवा, दादरा, रूपक, चांचर ताल (दीपचंदी) बहुप्रचलित हैं जो श्रृंगार एवं करूण आदि भावों की अभिव्यक्ति में अधिक उपयोगी सिद्ध होते हैं। वाद्य यंत्रों में प्रमुख हैं:- ढोल, मंजीरा, झांझ, सारंगी, डफ, बीन, बांसुरी, घड़ा, खंजरी, नगाड़ा, ताशा आदि। हरियाणवी लोक–नृत्य स्वयं में यहां की सभ्यता संस्कृति के पूर्ण परिचायक हैं। राज्य के देहातों से उठ कर अब कुछ विशेष नृत्य सरकार द्वारा प्रोत्साहित होने के फलस्वरूप शहरी रंगमंच तक आ पहुँचे हैं। हरियाणवी लोक नृत्य का यह प्रदर्शन स्वयं में एक उपलब्धि है। राज्य की ओर से तथा कुछ सांस्कृतिक संस्थाओं द्वारा हरियाणवी लोक नृत्यों को जीवित रखने का प्रयास किया गया है।

संदर्भ ग्रन्थ सूची

1. हरियाणा की गौरव गाथा: उदयभानु हंस, शिशिर प्रकाशन, भिवानी, 1981
2. हरियाणा की लोकधर्मी नाट्य परम्परा का अलोचनात्मक अध्ययन: डॉ. पूर्णचन्द्र शर्मा, हरियाणा साहित्य अकादमी, चण्डीगढ़, 1983
3. हरियाणा लोक संगीत संग्रह: नादान हरियाणवी, 1962
4. भारत के लोक नृत्य: डॉ. श्याम परमार, राजपाल एण्ड संस, दिल्ली, 1974

अध्याय - 8

तुर्की के लोक नृत्य

लोक-संगीत, संगीत की बहुत सरल व सहज विद्या होती है। यह देश-विशेष के रीति-रिवाज, रहन-सहन, खान-पान और भावनाओं को अभिव्यक्त करती है। तुर्की का लोक-संगीत भी यही कहता है। रिजा टेविक की कृति 'Dance and Its Various Forms in Ottoman Continues' जो सन् 1900 में प्रकाशित हुई, में इसका उल्लेख मिलता है। इसमें बाल्कन, एगियन और ब्लैक-सी क्षेत्र के लोक-नृत्यों की अलग-अलग विधाओं का विहंगम दृश्य है। इसमें लोक-नृत्यों को वहाँ की सांस्कृतिक अभिव्यक्ति के रूप में देखा गया है, कुछ का वर्णन करने की पहल की गई और उनकी यूरोपियन नृत्य-विधा से तुलना की गई, परन्तु हद सलीम सिरी तखन की पुस्तक 'TARCAN ZEN BOGR (तरकन जेन बोगी), जो सन् 1928 में प्रकाशित हुई, नई गणतंत्रीय व्यवस्था की भावनाओं के अनुसार थी। वास्तव में तरकन, सन् 1928 से ही लोक-नृत्यों में विशेष रुचि रखने लगे थे। इजमीर में सरकारी पद पाने के बाद वे एगियन तट के गाँवों तक जा सकते थे, जेकब-दलों के नृत्यों को देख सकते थे, उनके नृत्य-समारोह में भाग ले सकते थे।

बाद में वे शारीरिक शिक्षा (व्यायाम शिक्षा) को सीखने के लिए स्वीडन गए। वे स्वीडन के शहरी सलोनों में किसानों के नृत्य से प्रभावित हुए। उनकी सबसे महत्वपूर्ण जानकारी यह थी कि स्वीडिश लोगों की राष्ट्रीय भावनाएं उनके लोक-गीतों और लोक-संगीत से जुड़ी हुई हैं। कुछ परिवारों के अनुरोध पर उन्होंने वहां जेबेक नृत्य भी प्रस्तुत किया।

स्वीडन से लौटने के बाद उन्होंने राष्ट्रीय नृत्य का नवीनीकरण किया, उसमें जान डाली और समाज में उसे उचित स्थान दिलाया। उनका मानना था कि लोक-नृत्यों पर आधारित एक आधुनिक शैली मिली रॉक्स (राष्ट्रीय नृत्य) के अनुसंधान की जरूरत है। सबसे पहले कुछ सैनिकों के साथ उन्होंने प्रयोग शुरू किया। सैनिकों ने कुछ बार नृत्य को दुहराया। हर बार वे अपने घुटने को असंगत तरीके से समय-समय पर मोड़ते। उन्होंने पूछा कि वे ऐसा क्यों कर रहे हैं। उनका जवाब था कि वे अपने पैरों को आराम देने के लिए कर रहे हैं। यह अंतर्निहित स्वभाव के कारण था, न कि किसी तालमेल या लयबद्धता से संबंधित।

उनके विचार से, राष्ट्रीय लोक-नृत्य की शैली और उद्देश्य अत्यधिक महत्वपूर्ण हैं। ये लोगों के चरित्र, भावनाओं, स्वभाव और मनोबल को व्यक्त करते हैं। वे सैनिकों के हाथ की गतिविधि से संतुष्ट नहीं थे।

सन् 1916 में उन्होंने एक खास जेबेक नृत्य-रचना करने का निर्णय किया, जिसमें चुने हुए लोग हों और जिसका भली-भाँति सोच-समझकर प्रारम्भ एवं समापन हो। तरकन की नृत्य-रचना की कल्पना का आधार या 'बालरूम-डांस विधाएँ, जिसे व्यापक रूप से मिश्रित युगलों द्वारा किया जाए और सरलता से सीखा जा सके। वे झटके वाली तेज गतिविधि को हटाकर संगीत में नवीनता लाना चाहते थे। तरकन का कहना था कि लोक-नृत्यों की स्थायी विधा होनी चाहिए।

उनका सोचना था कि यदि लोक-नृत्य को स्थायी विधा नहीं दी गई, उसके संगीत-संचालन एवं हाव-भाव प्रदर्शन में निश्चितता नहीं रखी गई तो नवयुवक अति उत्साह में, नशे की हालत में मनमाने हाव-भाव एवं मनोवृति अपनाने में नहीं हिचकेंगे चाहे सामाजिक कार्यक्रम हो, शादी-विवाह हो या कोई अन्य उत्सव।

तरकन ने अपनी नृत्य-रचना 'जेबेक' का प्रदर्शन कई जगह किया और उनकी प्रशंसा हुई। उन्हें अतातुर्क से भी प्रशंसा मिली, जिन्होंने सन् 1925 में कहा कि 'हमारे पास भी एक उत्कृष्ट लोक-नृत्य है, ऐसा हम अब यूरोपियन लोगों से कह सकेंगे। इसे हम अपनी बैठक, दर्शकों के सामने

प्रदर्शित कर सकेंगे।' उन्होंने आगे कहा कि एक महान कलाकार का काम परिपक्व हुआ है और इतना सुन्दर बना है कि हम सभी को पसन्द आएगा। इसे हमारे सामाजिक व राष्ट्रीय जीवन में विशेष स्थान मिलेगा।

राष्ट्रीय नृत्य की छवि सामाजिक गतिविधि की थी, जिसे राष्ट्रभर में प्रदर्शित किया जा सके। तरकन जेबेक नृत्य को शिक्षकों ने महाविद्यालय में पढ़ाया। दुर्भाग्यवश तरकन के जेबेक को (सिर्फ अपने विद्यार्थियों को छोड़कर) पूरे राष्ट्र में फैलने का आधार नहीं मिला। तरकन के विद्यार्थी, जो ऐनाटोला में काम करते थे, अपने विद्यार्थियों को जेबेक सिखाते, पर इस तरह के व्यक्तिगत प्रयास से तरकन का जेबेक, तुर्की का राष्ट्रीय नृत्य नहीं बन पाया, जिसकी कल्पना उन्होंने की थी। इस प्रसार की कमी के पीछे एक बड़ा कारण यह भी था कि ऐसे सार्वजनिक स्थान नहीं थे, जहाँ इसे अच्छे से प्रदर्शित किया जा सके। ऐसी जगह, जहाँ सेलोन-संस्कृति न हो, सामाजिक नृत्य की परम्परा स्थापित करना मुश्किल होता है।

प्रजा-भवन का अनुभव

जिस समय तरकन के विद्यार्थी नृत्य की जेबेक विधा को राष्ट्रीय नृत्य के रूप में प्रोत्साहित कर रहे थे वहां एक संस्था विकसित हुई, जिसका नाम था 'प्रजा-भवन' इसने लोक-कला के विषय में अनुसंधान और प्रदर्शन को बढ़ावा दिया। सन् 1932 में स्थापित प्रजा-भवन गणतांत्रिक प्रजा-पार्टी की संस्कृति क्लब के रूप में काम करने लगी और सन 1950 तक चलती रही, जब तक कि सत्ता परिवर्तन होकर प्रजातांत्रिक पार्टी सत्ता में न आ गई। लोगों की परम्परागत रुचि सिर्फ प्रजा-भवन के लोक-नृत्यों तक सीमित नहीं रही। लोक-नृत्य कई और जगह एक प्रमुख रिवाज के रूप में पनपा, जो कि वहां के स्थानीय उत्सवों से उस जगह की खास संस्कृति को राष्ट्रीय मंच पर व्यक्त करता था। ऐसा ही एक मंच था प्रजा-भवनों का वार्षिक उत्सव, जिसे अंकारा में प्रतिवर्ष फरवरी मास में मनाया जाता था। उसमें लोक-गायक, लोक-नृत्यकार, नाटक-टोली आदि सार्वजनिक प्रदर्शन के लिए इकट्ठे होते थे। इस तरह के दल बनने में करीब दस वर्ष का समय लग गया। अनातौला के आसपास के शहरों और गांवों में तथा थ्रास में भी

अच्छे नृत्यकारों के व्यवस्थित दल बने। शुरू में लोकनृत्य दलों के कलाकारों की आलोचना हुई कि वे इस कला को नई पीढ़ी को नहीं सिखाते और अपना एकाधिकार बनाए हुए हैं।

शहरी लोक-नृत्य की परम्परा स्थापित करने में 1930 और 1940 के दशक के राष्ट्रीय और वार्षिक उत्सवों ने मुख्य भूमिका निभाई। जो दल प्रजा-भवन के फरवरी उत्सव में भाग लेते, वे ज्यादातर एक ही गांव या परिवार के होते थे। फिर भी कुछ कलाकार पड़ोस के गांव से इकट्ठे होकर अंकारा में अपने गांव की संस्कृति अभिव्यक्त करते। लोक-नृत्यों को धीरे-धीरे जाति या वंश व्यक्त करने वाले नाम दिए गए। उनके नाम शहरों एवं गांवों के नाम पर भी रखे जाने लगे, जो कि नई राष्ट्रीय व्यवस्था के अनुरूप था।

1941 का वर्ष तुर्की के लोक-नृत्य की दिशा बदलने की दृष्टि से महत्वपूर्ण रहा। गाजी शिक्षक-कॉलेज के विद्यार्थियों ने राष्ट्र-दिवस के अवसर पर स्थानीय व राष्ट्रीय कलाकारों के माध्यम से कई नृत्य प्रस्तुत किए। हर नृत्य में खास वाद्ययंत्र सम्मिलित थे, जिन्हें देश के विभिन्न भागों से चुना गया था। इन नृत्यों ने प्रजा-भवन के मंच को एक खूबसूरत गुलदस्ते के रूप में सजा दिया।

यह देखा गया कि इन्होंने सिर्फ उत्सव समारोह की सफलता ही हासिल नहीं की, बल्कि इससे राष्ट्रीय कला को एक सच्चा विकास मिला, जो वहां के प्राकृतिक स्त्रोतों से पोषित हुआ था। इसी तरह का लेखा-जोखा आक्सू में सन् 1948 के उत्सव के बारे में प्रकाशित हुआ। उसमें भी इसी तरह से स्थानीय लोगों की प्रजा-भवन में भागीदारी को महत्वपूर्ण बतलाया गया था।

प्रजा-भवन के पुनर्निरीक्षण में, व्यवस्था बनाने और परिष्कृत करने की बात पर जोर दिया गया। यह जरूरी था कि स्थानीय नृत्यकार व्यवस्थित हों। वे बजाय अस्त-व्यस्त होने के, गरिमा एवं लगातार परिष्कृत होने को अपनाएं। दूसरे शब्दों में यह कहा जा सकता है कि समरूपता और लयबद्धता ने ही प्रदर्शन को उत्कृष्ट बनाया।

व्यवस्थित होने और परिष्कृत करने की चिंता जो प्रजा-भवन में उभरी, वह वही बात थी, जो तरकन जेबेक नृत्य-शैली की रचना के बारे में कहते थे। वे भी समरूपता से किया जाएगा। उनके द्वारा खोजी गई परम्परा कई स्थानों पर अधिक दिनों तक नहीं रही, फिर भी उनके समरूपता, लयबद्धता और परिष्कृत करने के विचारों से बहुत से लोग प्रभावित हुए। इसका अच्छा परिणाम प्रजा-भवन के उत्सवों में देखा गया।

सन् 1950 में प्रजा-भवन होने के बाद लोक-नृत्यों का प्रदर्शन एक समृद्ध राष्ट्रीय संस्कृति का रूप ले चुका था। इससे भी बड़ी बात यह थी कि अब अंकारा और इस्तांबुल में लोक-नृत्य के दर्शक मौजूद थे, जो अगर प्रदर्शन में भाग न भी लें, तो भी देखने के लिए हमेशा उत्सुक रहते थे। पारम्परिक लोकनृत्य शैली शहरी जीवन की गतिविधि कैसे बनी, इसे जानने के लिए तीन चरणों को समझना जरूरी है। पहला प्रजा-भवन का अनुभव, जिसमें व्यक्तिगत उद्यमियों ने राष्ट्रीय वार्षिक-उत्सव की परम्परा को जारी रखा। दूसरे चरण में, विश्वविद्यालयों के विद्यार्थियों की भागीदारी, जिसमें उन्होंने अपने स्थान से दूर जाकर, अलग-अलग जगहों से नृत्यकारों को सम्मिलित किया और तीसरा है लोक-नृत्यों की मांग बढ़ना, जिससे उनकी अपनी अर्थव्यवस्था सुदृढ़ हुई। इस चरण में लोक-नृत्य एक निश्चित गतिविधि के रूप में उभरे। ओयनामा परम्परा (जोकि उत्कृष्ट शैली के रूप में उभरी) में लोक-नृत्य के हिस्से शामिल थे, पर उन्हें नए हाव-भाव, नई गतिविधियां दी गई थीं।

नई गतिविधि का प्रादुर्भाव, ओयनामा लोक-कला

1970 के दशक में लोक-नृत्यों को नए तरह का शहरी मनोरंजन माना गया। जेबेकी के समय में हर नृत्य का राष्ट्रीय मूल पहचानने की जरूरत होती थी, किन्तु वैसी जरूरत अब नहीं रही। नृत्यों को अब राष्ट्रीय कला के रूप में देखा जाने लगा। नए दर्शकों की अभिरुचि का कारण मंच सज्जा, तेज गतिविधि, मनमोहक गीत-संगीत, उच्चस्तरीय नाटकीयता और नृत्य में अधिक नृत्यकार होना। सन् 1970 में तुर्की के लोक-नृत्यों को स्कूलों और डेनरेक में भी स्थान मिला। जिन कलाकारों ने स्कूलों या

डेनरेक की गतिविधियों में भाग लिया, उन्हें तुर्की के विभिन्न हिस्सों से अनेक प्रकार के नृत्यों का अनुभव मिला। बहुतों को उस संस्कृति की जानकारी नहीं थी, जिसमें उन नृत्यों का प्रादुर्भाव हुआ। जबकि 1950 और 1960 के दशकों में विद्यार्थी कलाकार ग्रामीण तुर्की से आए लोगों के घरों में पले बढ़े थे। कुछ अपवादों को छोड़कर, अब नृत्य की नई विधा ढूँढने का समय बीत चुका था। अब शिक्षकों को उपलब्ध नृत्यों में थोड़ा बहुत बदलाव करना होता था, ताकि दर्शकों को प्रभावित कर सकें और नृत्य अधिक लोकप्रिय हो सकें।

असल में प्रचलित नृत्यों को नया रूप देने के लिए मंच-सज्जा ही सबसे अच्छा साधन बन गया। इस कारण शिक्षक व कलाकार पुरानी गतिविधि को बदले बगैर नृत्य में नयापन ला सकते थे। मंच-सज्जा ने थिएटर-कला को बढ़ावा दिया, इससे लोक-नृत्य लोकप्रिय कला और मनोरंजन के रूप में विकसित हुआ। सन् 1970 से 1980 तक एक दशक की मंच-सज्जा के अनुभव के कारण नृत्य के ताल-मेल में बदलाव आया और धीरे-धीरे इस तरह के कई लोक-नृत्य उभरे, जो एक-जैसे लगते थे।

कलाकारों की दृष्टि से मंच पर की गतिविधि को याद रखना ज्यादा जरूरी होता था बजाय व्यक्तिगत गतिविधि के। जो कलाकार कई नृत्यों को सीखते, वे आखिरकार एक तरह की मिश्रित गतिविधि विकसित करते। अगर नृत्यों की गतिविधि को नर्तकों की दृष्टि से देखें तो शहरी तुर्की का लोकनृत्य एक जैसा होता गया और इसने एक नई संस्कृति को जन्म दिया- 'ओयनामा लोक-नृत्य (Folklore Oynama)' ये किसी एक खास संस्कृति से पैदा नहीं हो सकती थी, बल्कि राष्ट्रीय स्तर की मिली-जुली संस्कृति से ही इसका प्रादुर्भाव हुआ।

तुर्की के लोक-नृत्यों का अनुभव बतलाता है कि 'राष्ट्रीय' शब्द का नया मतलब क्या है। यह 'राष्ट्रीय' शब्द की पुरानी प्रचलित सेवक परिभाषा से भिन्न है। सन् 1970 और 1980 के चुने गए लोक-नृत्य राष्ट्रीय इसलिए थे, क्योंकि वे तुर्की के प्रदेशों से मिल-जुलकर बने थे। दूसरे शब्दों में जो लोक-नृत्य सन् 1970 में पूरे शहरी तुर्की में फैले, वे स्वाभाव से ही राष्ट्रीय थे, जबकि तरकन जेबेकी ने उनके राष्ट्रीय होने की कल्पना ही की थी।

संदर्भ ग्रंथ सूची

1. अक्सू (1948), फोकलोर इकीबीमीजिन अंकारा सीयाबती, ए.के.एस. 45, नं.50
2. मैतिन एंड (1976) तुर्की के नृत्यों का चित्रिक इतिहास: फोक डांस में विलिंग ओनर्निशिप:- बैले नृत्य से बैलेट तक।
3. निजिहि अराज (1954), यापीवी कृदी बनकासी द्वारा मुख्य प्रकाशन।
4. अदनन डी.मी. रतास (1937), ए ईसपारतादा महाली औवानलर।
5. हालूक ओजानलगन (1984), जमान-मेकान इकसेनलेरीन-डी हलबीलीमी, उलकेयानीन हारबट टिक।
6. अरजू उजटरकमैन (1989) तुर्की में लोक नृत्यों के पुनर्जीवन का सर्वेक्षण, एम.ए. शोधकार्य, इंडियाना विश्वविद्यालय, फोकलोर की संस्था, बुलुमिंगटन, अमेरिका।
7. आजू उजटरकमैन (1994), पीपल हाउसीस का तुर्की राष्ट्रीयकरण में योगदान, तुर्की के नए परिप्रेक्ष्य में, नं. 11
8. सलीम श्री टारकन (1928), टारकन जहबेगी।
9. सलीम श्री टारकन (1935), मिली मुलिक नासली डोगडू युलकी, नं. 27

अध्याय - 9

हरियाणा की संस्कृति एवं लोक गीत

हरियाणा की संस्कृति

संस्कृत की एक प्राचीन उक्ति के अनुसार किसी देश अथवा समाज के विभिन्न जीवन-व्यापारों, सामाजिक संबंधों एवं मानवीय दृष्टि से प्रेरणादायक तत्वों की समष्टि को संस्कृति कहते हैं। श्री एडवर्ड बी. टायलर का मत है कि संस्कृति का ज्ञान, विश्वास, कला, नैतिकता, न्याय, रीति-रिवाजों तथा अन्य क्षमताओं या आदतों-जो मनुष्य द्वारा समाज का सदस्य होने के नाते अर्जित की जाती है, इन सबका एक सम्मिश्रण है। डॉ. वासुदेवशरण अग्रवाल के विचार में संस्कृति मनुष्य के भूत, वर्तमान और भावी जीवन का सर्वांगपूर्ण प्रकार है। हमारे जीवन का ढंग हमारी संस्कृति है। संस्कृति हवा में नहीं रहती, उसका मूर्तिमान रूप होता है, जीवन के नानाविध रूपों का समुदाय ही संस्कृति है।

संभवतः निर्दिष्ट तत्वों का समाकलन देखकर ही स्वर्गीय श्री बी.एन. चक्रवर्ती ने कहा था कि "हरियाणा प्रदेश के सांस्कृतिक अवगाहन से जो विविधता मानस-पटल पर अंकित होती है, वह विलक्षण है और मन, बुद्धि व आत्मा को स्पन्दित करती है। जहां एक ओर इस पावन भूमि पर वेदों, आरण्यकों आदि ग्रंथों की रचना हुई वहां दूसरी ओर यही भूमि महाभारत के महासमर का प्रांगण भी बनी है। कला, लोकसाहित्य और उच्च जीवन-दर्शन की जो त्रिवेणी यहां प्रभावित हुई है उसका स्थाई प्रभाव भारतीय जन जीवन पर भी प्रचुर मात्रा में पड़ा है।"

यद्यपि स्वतंत्र हरियाणा की सरकारी सीमायें हमें प्रथम नवम्बर, 1966 से प्राप्त हैं, किन्तु सामाजिक व सांस्कृति अध्ययन के लिए इन्हें यथेष्ठ नहीं माना जा सकता।

अत: इसी संदर्भ में यह तथ्य भी उल्लेखनीय है कि हरियाणा की सांस्कृतिक सीमायें उसकी वर्तमान प्रशासकीय एवं प्रान्तीय सीमाओं से अधिक विस्तृत हैं। अत: मेरठ और आगरा का बहुत बड़ा भाग, दिल्ली, अलवर, भरतपुर व अबोहर, फाजिल्कापर्यन्त एक ही प्रकार की भाषा, वेशभूषा, रहन-सहन और प्रथायें पाई जाती हैं। इससे इन सब भूभागों का किसी एक सांस्कृतिक इकाई का अंग होना निश्चित सा लगता है। इसी कारण हरियाणा प्रदेश की उपलब्धियों में पंजाबी, राजस्थानी, खड़ी बोली, ब्रज, मेवाती आदि मंचमुखी प्रभाव परिलक्षित होता है। यहां तक कि यहां के गीत, संगीत व नृत्यों में भी निकटवर्ती प्रदेशों की संस्कृति का स्पष्ट प्रभाव दिखाई देता है।

हरियाणा प्रदेश क्षेत्रफल व जनसंख्या की दृष्टि से छोटा होते हुए भी भारतीय इतिहास में इसका अत्यंत महत्वपूर्ण स्थान रहा है। यह सत्य लगभग सभी पर उजागर है कि भारतीय संस्कृति के प्रथम अंकुर यहीं इसी प्रदेश में प्रस्फुटित हुए। यहां के ब्रह्मज्ञानियों के प्रयत्नों से भारतीय संस्कृति फली, फूली और परवान चढ़ी।

हरियाणा प्राचीन काल से ही भारतीय संस्कृति, परंपराओं, धर्म, रीति-रिवाजों, कलाओं व आध्यात्मिकता एवं साहित्य की पवित्र भूमि रही है। सांस्कृतिक दृष्टि से हरियाणा का अतीत अत्यंत समृद्धशाली व गौरवशाली रहा है। वेद व्यास के महाभारत की रचनास्थली, अन्त: सलिला, सरस्वती की क्रीड़ाभूमि तथा गीता के ज्ञान-ध्यान की धरती हरियाणा भारतीय सभ्यता व संस्कृति के साथ-साथ ज्ञानधारा से आप्लावित तथा साहित्य रश्मियों से देदीप्यमान रही है।

अत: कहना चाहिए कि हरियाणा स्वर्णिम अतीत की व्यापक संभावनाओं का प्रदेश है। इस पावन धरती की सांस्कृतिक थाती समूची भारतीय संस्कृति का प्रतिनिधित्व करती रही है। इसी धरती पर आदिरूपा मां सरस्वती के

तटों पर बैठ कर वैदिक मनीषियों ने नयी संस्कृति के रूप को निखारा, संवारा जो आगे चलकर पूरे भारतीय उपमहाद्वीप में फली-फूली। आर्य भरतों ने सरस्वती तट से ही अपने विजय अभियानों को संचालित किया और पूरे देश को एक सूत्र में बांधा तथा उसे "भारत" नाम दिया। यहीं से कुरुओं ने कृषि-युग का आरंभ किया। कुरुक्षेत्र की अड़तालीस कोस की धरती को जोतकर, और यहीं लड़ा गया विश्वविख्यात महाभारत का युद्ध, यहां की गणपरम्परा का द्योतक है। एक हजार वर्ष यौधेय इतिहास भारतीय सभ्यता एवं संस्कृति की धुरी इस धरती ने अपनी इस परम्परा को न केवल अक्षुण्ण रखा बल्कि उसे आगे भी बढ़ाया है। इस प्रकार हरियाणा प्रदेश प्राचीन काल से ही भारतीय संस्कृति का एक सुदृढ़ केंद्र बिन्दु है।

यद्यपि हरियाणा प्रदेश संस्कृति के क्षेत्र में अतीत में समृद्ध एवं गौरवशाली रहा है, किन्तु वर्तमान समय में यहां के जनजीवन में सांस्कृतिक चेतना का अभाव सा प्रतीत होता है। यह अभाव यहां के लोक जीवन में स्पष्ट दिखाई पड़ता है। अतः हरियाणा में सांस्कृतिक चेतना को उजागर करने का उच्च स्तरीय प्रयास प्रशासन की ओर से होना ही चाहिए, अन्यथा यहां की संस्कृति जो कि इस प्रदेश की कलाओं, रीति-रिवाजों, पर्व-त्यौहारों, परम्पराओं आदि के प्रेक्ष्य में छिपी हुई है, एक दिन अपना अस्तित्व खो देगी।

हरियाणा प्रदेश की संस्कृति के अध्ययन के लिए यहां के लोक-जीवन का सांस्कृतिक मूल्यांकन करना आवश्यक है और सांस्कृतिक मूल्यांकन करने के लिए यहां के लोक-जीवन, लोक-विश्वास, रीति-रिवाज एवं संस्कार, तीज-त्यौहार व पर्व, रहन-सहन, खानपान, वेशभूषा, लोककलाओं का अध्ययन करना भी आवश्यक है।

हरियाणा का लोक-जीवन

प्रसिद्ध लेखक उदयभानु हंस ने 'हरियाणा गौरव-गाथा' में लिखा है, "हरियाणा का जनजीवन, धर्म-कर्म, लोक परम्परा, संस्कृति एवं परिश्रम का अद्वितीय समन्वय है। हरियाणा प्रदेश के लोग धरती की परिश्रमी संतान की भांति कर्म-पथ पर अग्रसर होती हुई प्राचीन रीति-रिवाजों, पर्व-त्यौहारों

एवं नृत्य-गीतों में उत्साह से भाग लेकर जीवन का भरपूर आनंद लेते हैं। लोक जीवन की सबसे बड़ी विशेषता उसकी स्वाभाविकता है और लोक जीवन किसी भी जाति की पृष्ठभूमि व मूल प्रेरणा-स्थल हैं। हमारे जीवन का ढंग ही हमारी संस्कृति है। जीवन के नानाविध रूपों का समुदाय ही संस्कृति है।

अतः हरियाणा प्रदेश के लोकजीवन के विविध रूपों में वहां की लोक संस्कृति का स्वाभाविक आभास मिलता है। यहां के दैनिक जीवन में व्यवसाय-स्थल, साज-सामान आदि अनेक बातों का विशिष्ट ढंग से प्रयोग मिलता है। जैसे कि यहां के चौपाल, गाय-बैल, बुवाई-कटाई, गौचारण, बेल्ला, डोई, ऊखल, खुरचणा, चूघड़ा, रेहडू, मूढ़ी, न्याणा, जोहड़, गाबरू छोरा आदि कितने ही नाम लोक जीवन से संबंद्ध कहे जा सकते हैं और यह सभी शब्द यहां की लोक संस्कृति के द्योतक बन यहां के गीत-संगीत व अन्य लोक-कलाओं के अभिन्न अंग होते हैं।

हरियाणा कृषि-प्रधान प्रदेश है, अतः यहां के लोक जीवन की तस्वीर हमें गांवों में बसे हुए लोगों के जीवन में स्पष्ट रूप से देखने को मिलती है। ग्रामीण जनता स्वभावतः श्रमनिष्ठ और जुझारू है, जो या तो खेत में जूझती है या युद्ध क्षेत्र में। यहां की स्त्रियां पुरुषों से भी अधिक श्रमशील एवं कर्म-परायण हैं। इसी संदर्भ में उदयभानु हंस जी ने अपनी पुस्तक 'हरियाणा गौरव गाथा' में लिखा है:- "यहां का मर्द माणस देश का अन्नदाता भी है और स्वतंत्रता का पहरेदार भी। यहां की बीर-बानियां भी अत्यंत परिश्रमी एवं पुरुषों की सहचरी व सहधर्मिणी हैं।" हरियाणा प्रदेश के लोगों का रहन-सहन अत्यंत ही सरल एवं साधारण है। यहां के अधिकतर लोग गांवों में बसते हैं। "सादा जीवन उच्च विचार" तथा "साच्ची कहणा सुखी रहणा" इनके जीवन का सरल सिद्धांत हैं।

इस प्रदेश के गांव बड़े सुविख्यात ढंग से बसे हुए हैं। इनके कच्चे-पक्के दोनों प्रकार के मकान देखने को मिलते हैं। पुरानी या कच्ची ईंटों से बने मकान "ढूंढ" कहलाते हैं। पक्के ईंटों से बने मकान "हेल्ली" कहलाते हैं। गांव में वृक्षों से घिरे हुए कुंए तथा सीढ़ियों वाले तालाबों को पनघट कहते

हैं। पनघट पर प्रतिदिन सायंकाल ऐसी चहल-पहल होती है मानो मेला लगा हो। सिर पर बंटा टोकणी और हाथ में नेजू, डोल लेकर नई नवेली हार-सिंगार लगाकर, घूंघट ओढ़कर, गाती तथा फटकारे मारती, नाड़ा और रमझोल के संगीत से सजाकर जब छम-छम करके चलती हैं, तो निकट से गुजरने वाले दर्शक ठगे से रह जाते हैं।

हरियाणा का कर्मठ किसान मजदूर अपने पिछड़ेपन को समाप्त करने के लिए निरन्तर संघर्ष में जुटा हुआ है। फलतः आज हरियाणा भारत के अति समृद्ध एवं सम्पन्न प्रांतों में गिना जाता है। हरियाणा ही भारत का एकमात्र ऐसा प्रदेश है जहां शत-प्रतिशत ग्रामों में विद्युतीकरण हो पाया है। यहां लगभग 60 प्रतिशत गांवों तक पक्की सड़कें पहुंच चुकी हैं। यहां की चप्पा-चप्पा भूखी-प्यासी धरती पर अब नहरों तथा नलकूपों से पानी पाकर हरी फसलें लहरा रही हैं। भीषण अज्ञानता एवं निरक्षरता यहां कल की बातें बनकर रह गई हैं अर्थात् इस प्रदेश के जनजीवन के हर क्षेत्र में विकास हुआ है।

उपर्युक्त विशेषताओं के अतिरिक्त हरियाणा की जनता का हृदय साधु, ब्राह्मण, गुरू एवं पुरोहितों के प्रति सदा श्रद्धावान रहा है। सदाचार यहां का विशेष लक्षण है। आचार-व्यवहार सदैव सात्विक रहा है। कृषक होने के साथ-साथ हरियाणा के निवासी व्यायाम, विद्या और अखाड़ों में भी विशेष रूचि रखने वाले हैं। यह लोग सदा से वीर योद्धा तथा अन्याय का विरोध करने वाले रहे हैं। यह सक्रिय प्रदेश है। क्षात्र धर्म की परम्परा इस प्रदेश में सहस्त्रों वर्षों से रही हैं। हरियाणा में कुछ ऐतिहासिक तथ्यों को उजागर करते हैं। महाभारत में भी नकुल द्वारा रोहितक (रोहतक) पहुंचने तथा शैरीषक (सिरसा), महत्य (महम) आदि स्थानों को जीते जाने के उल्लेख मिलते हैं।

लोक-जीवन किसी देश, प्रांत या क्षेत्र के लोगों का वह संयुक्त अवचेतन मानव है जिसमें आम जनता की सामान्य चित्तवृतियां सजीव रूप में संचित रहती हैं। सजीव रूप में संचित रहने का आशय है कि जन चित्तवृतियां परम्परा के जीवंत तत्वों से अनुस्यूत होकर स्वयं को नये-नये

रचनात्मक रूपों और पद्धतियों में ढालने की क्षमता संजोये रहती हैं। यह परम्परा-प्रेरित रचनाधर्मिता लोकमानस के लोक-पर्वों, लोक-परम्पराओं, मान्यताओं, विश्वासों, लोककलाओं आदि की विविध विधाओं में व्यक्त होती रहती हैं। वास्तविकता यह है कि हरियाणा प्रदेश भारत के बहुत से अन्य अंचलों से कहीं अधिक समृद्धशाली है, जिसके कारण इस प्रदेश के निवासियों का आचार-व्यवहार, खानपान, रहन-सहन आदि का स्तर भी भारत के अन्य बहुत से प्रदेशों से उच्च है। हरियाणा प्रदेश के लोक-जीवन एवं संस्कृति का पूर्ण समन्वय यहां देखने को मिलता है। जीवन में अनेक पहलुओं के माध्यम से यहां के लोक-जीवन की सांस्कृतिक तस्वीर का वर्णन निम्नलिखित है:-

(क) लोक विश्वासः हरियाणा की अधिकांश जनता शताब्दियों से गांवों में रहती है। गांव की जनता शिक्षा के अभाव में तथा समुन्नत जनता से संपर्क न होने के कारण अंधविश्वास और जादू टोने के प्रभाव में है। देवी-देवताओं के रूप में यहां के वासी सूर्य, चंद्रमा, गंगा, जमुना से लेकर राम, कृष्ण, शीतला माता, दुर्गा पूजा, गौरी या गणगौर पूजन, निर्जला एकादशी, गुगा वीर, पीपल पूजन, कुंआ, तुलसी, जोहड़ आदि में अटूट विश्वास रखते हैं। इसके अतिरिक्त हरियाणा में निम्नलिखित व्रतानुष्ठानों को मांगलिक समझा जाता है:- रक्षा बंधन या श्रावणी, जन्माष्टमी, गुग्गा नौमी, अनन्त चौदस, कनागत या श्राद्ध, दशहरा, दिवाली, सांझी, शरदपूर्णिमा, कार्त्तिक स्नान, मंडलिया, नौमी, करवा चौथ, होई, देउठणी-ग्यारस, संक्रान्ति, शिवरात्रि एवं भैया दूज आदि। टोना आदि धर्म का मूल भाव है। जादू-टोने, तन्त्र-मंत्र, भूत-प्रेत संबंधी मान्यताएं न्यूनाधिक मात्रा में विश्व के प्रत्येक कोने में विद्यमान हैं। टोने-टोटकों की जड़ें लोक जीवन में इतनी गहरी बैठी हुई हैं कि उन्हें उससे अलग कर सकना असंभव नहीं, तो कठिन अवश्य है। मुख्यतः टोटके जन्म से लेकर मरण तक किसी न किसी रूप में व्यक्ति की मंगल कामना के हेतु किए जाते हैं। उसी प्रकार टोने भी किसी न किसी को हानि पहुंचाने अथवा किसी कठिन कार्य की इच्छित-सिद्ध के लिए काम में लाये जाते हैं। आप्त बचनानुसार जो व्यक्ति बेमोत मरते हैं, जैसे आत्महत्या, दुर्घटना, नदी में डूबना, कुंए में गिरना, सर्प द्वारा काटे जाना

आदि से मरते हैं, उनकी मुक्ति नहीं होती। वे ही लोग भूत-प्रेत बनते हैं। शमशान भूमि, चौराहे या गांव के कुंए, जोहड़ों पर पुराने विशाल वृक्ष या पीपल के पेड़ और गांव में सूने पड़े घर इनके निवास-स्थान माने जाते हैं। हरियाणवी लोग इन भूत प्रेतों को मानने के साथ-साथ अपने दैनिक जीवन में दृष्टिगोचर होने वाले शकुन-अपशकुन भी मानते हैं। हरियाणा में इन्हें सौंण-कसींण कहा जाता है। सौंण (शकुन) मंगल सूचक, कसौंण (अपशकुन) अनिष्टकारी माने जाते हैं। पानी से भरा घड़ा दिखाई देना, गऊ दर्शन, मेहतर का झाड़ू पकड़े मिलना, हिचकी आना, कोये का मुंडेर पर या भुजा का फड़कना, रोटी के ऊपर रोटी को भूल से तवे पर डालना, चिड़िया का रेत में नहाना, पैर खुजलाना, पीले चावल, स्वप्न में शिव दर्शन आदि शकुन शुभ माने जाते हैं। इसके विपरीत खाली घड़ा दिखना, ईंधन का टोकरा मिलना, बिल्ली का रास्ता काटना, भूरे चमार का मिलना, कुत्ते का कान मारना, साधुओं की लड़ाई, कोतरी का बोलना, दो सर्पों को खेलते मिलना, गीदड़ और कुत्तों का रोना, काणे के दर्शन, सुअर दर्शन, विधवा दर्शन, बनिए का झाड़ू लगाना, स्वप्न में विवाह या उत्सव देखना अशुभ अर्थात अपशगुन माने जाते हैं।

हरियाणा के लोक-विश्वास पर अध्ययन करने से यह ज्ञात हुआ है कि ये सभी लोक विश्वास यहां की मान्य संस्कृति व परम्परा के अभिन्न अंग बनकर रह गये हैं जिनमें यहां के लोगों की सरलता की स्पष्ट छाप दिखाई देती है।

(ख) रीति-रिवाज एवं संस्कारः परम्परा, प्रथा, परिपाटी, पद्धति, रीति-रिवाज, रस्म, चालू ढंग और व्यवहार इत्यादि शब्दों का भाव समान रूप में दिया जाता है। हरियाणा प्रदेश में उपर्युक्त शब्दों में से रीति-रिवाज शब्द ही अधिक बोला, समझा और लिखा जाता है। इसको नगरों में रहने वाले शिक्षित, अशिक्षित लोगों से लेकर गांवों में बसने वाले साधारण स्त्री-पुरुषों तक सभी लोग अपनी बोलचाल को व्यवहार में लाते हैं। इन रीतियों में कई भेद हैं, जिनमें से अधिक भेदों का प्रचलन धार्मिक साम्प्रदायिक, मतमतान्तरिक परम्पराओं के रूप में सदा से चला आ रहा है। कुछ रिवाज पारम्परिक-सामाजिक मेल- जोल से पनपते हैं। इन सब भेदों

को हम स्थूल रूप से धार्मिक, सामाजिक और कुलीय रीतियों के नाम से कहते हैं:- यथा, बिरादरियों का पालन-पोषण पिता का कार्य है, पिता के बाद पुत्र घर का मुख्यिा बनता है, श्वसुर और जेठ का सम्मान किया जाता है। बहू दोनों से पर्दा करती है, परन्तु देवर-भाभी के संबंध बिल्कुल अनौपचारिक होते हैं। हरियाणा में पगड़ी को बहुत पवित्र माना जाता है जिसे पाग, पगड़ी, साफा, खण्डवा आदि भी कहा जाता है। यहां गांव और गोत्र की बहिनों का आदर किया जाता है, अलग-अलग बिरादरियों में भी भाईचारा माना जाता है, ब्राह्मण का विशेष सम्मान किया जाता है, गौ, कन्या और ब्राह्मण को कोई मनुष्य भूल कर भी पाँव से छू दे तो वह अपने आपको पाप का भागी समझता है। निर्धनों की सहायता करना, लोकोपकार के कार्य आदि यहां के रीति-रिवाज हैं। इनके अतिरिक्त हरियाणा में एक और रिवाज प्रचलित है कि विवाहिता लड़की के घर पिता या माता भोजन नहीं करते। कई लोग तो उस गांव में भोजन तो क्या, वहां का पानी तक भी नहीं पीते। अगर कारणवश वहां खाना-पीना पड़ भी जाए तो माता-पिता इसके बदले रुपये दे देते हैं। यह रीति हरियाणा में प्रत्येक स्थान पर प्रचलित है।

इन रीति-रिवाजों के अतिरिक्त हरियाणा में अनेक प्रकार के संस्कार भी प्रचलित हैं। जैसे सोलह संस्कारों में से जन्म, विवाह और मृत्यु के संस्कार यहां अधिक प्रचलित हैं। जन्म संबंधी, न्हाणबार, छठी, होम, नामकरण, रतजगा, जलवा-पूजन आदि संस्कार यहां सम्पन्न होते हैं। विवाह संबंधी अनेक संस्कार जैसे सगाई, भात, घुड़चढ़ी, फेरे, मिलणी, विदाई, गोणा, मुंह दिखाई, कांगणा खुलाई आदि अनेक रोचक प्रसंग हैं। जन्म व विवाह से संबंधित संस्कारों के अतिरिक्त मृत्यु संबंधी संस्कार भी यहां माने जाते हैं:- जैसे अरथी, फूल ठाणा, तेहरामी, बरसौदी आदि। इस प्रकार हरियाणा के रीतिरिवाज व संस्कार उनके लोक जीवन के साथ स्वाभाविक रूप से जुड़े हुए हैं।

(ग) तीज-त्यौहार एवं पर्व-मेलेः किसी भी देश-प्रदेश के पर्व, त्यौहार, मेले वहां के जनजीवन की जी-जान होते हैं। मेलों और त्यौहारों के रूप में देश की आत्मा बोलती है। इनमें ही जनता की हार्दिक भावनायें मुखरित होती हैं। वास्तव में भारत की एकता को स्थिर और अक्षुण्ण रखने

में हमारी सांस्कृतिक परम्पराओं का सबसे अधिक योगदान रहा है। जनजीवन को आन्दोलित और प्रेरित करने वाले त्यौहारों ने कश्मीर से कन्याकुमारी और कामरूप से काठियावाड़ तक सारे देश को एक अच्छेद्य एकता प्रदान की है। इस संबंध में हरियाणा प्रदेश का हमारे राष्ट्रीय जीवन में विशेष स्थान है।

हरियाणा में कुछ मेले ऐसे हैं, जिनकी यश और कीर्ति देश भर में फैली हुई है, जैसे कुरुक्षेत्र में सूर्य ग्रहण के अवसर पर देश के कोने-कोने से लाखों लोग सरोवरों में स्नान करने और अपनी श्रद्धा अनुसार धर्मानुष्ठान करने आते हैं। साल का कोई सप्ताह या मौसम का रंग किसी न किसी मेले या त्यौहार के बगैर नहीं आता। महेन्द्रगढ़ जिला में नारनौल के समीप ढोसी पहाड़ी पर सोमवती अमावस्या का मेला, गुड़गांव जिला में इस्माइलपुर के स्थान पर भादों मास के नौवें दिन गूग्गा नौमी का मेला, अम्बाला में भाद्रपद के महीने की बावन द्वादशी का मेला बहुत मशहूर है। इसके अतिरिक्त जगाधरी में पूर्णिमा को कपाल मोचन का मेला, मनसा देवी के मशहूर मन्दिर में दुर्गाष्टमी का मेला और कालका के काली मन्दिर में काली माई का मेला लगता है। कुछ ऐसे भी हरियाणा में मेले हैं जिनका संबंध किसी धार्मिक या सांस्कृतिक परम्परा से तो नहीं होता, लेकिन फिर भी उनका अपना ही एक महत्व है और वे हैं पशु मेले। हरियाणा का किसान पशुओं से प्यार करता है। हिसार और रोहतक जिलों में बड़े-बड़े पशु मेले लगते हैं।

हरियाणा प्रदेश में तीज-त्यौहार पर तो यहां के लोक जीवन व संस्कृति का यौवन और भी निखर संवरकर, उमड़ पड़ता है। इस प्रदेश के कुछ महत्वपूर्ण त्यौहार इस प्रकार हैं: दीवाली, शिवरात्रि, भैयादूज, सलोमण, रक्षाबंधन। ये सभी पर्व घर-घर मनाये जाते हैं। ऐसे भी कुछ त्यौहार हैं जिन्हें प्राय: औरतें ही मनाती हैं:- जैसे करवा चौथ, निर्जला एकादशी, होई और कार्तिक शुक्ला एकादशी की देअठणी ग्यारस। स्त्रियों का मनपसंद त्यौहार तीज, वैसे तो सब जगह मनाया जाता है, लेकिन गुड़गांव जिला में पुथुला नामक गांव में श्रावण सुदी तीज का पर्व बड़े समारोह से मनाया जाता है। भिवानी में श्रीकृष्ण और दुर्गा जन्माष्टमियों के समारोह देखने के लिये जनता दूर-दूर से खिंची आती है। तीज-त्यौहारों पर हरियाणा के

गांवों-कस्बों की शोभा देखते ही बनती है। कहीं तीजण (कताई करने वाली स्त्रियों का जमघट) पड़े मिलते हैं, तो कहीं झूलों पर ग्राम-बालायें रंग-बिरंगे कपड़े पहनकर पीपल और बड़ के वृक्षों की शाखाओं पर झूले डालती हैं और खुलकर झूलती हैं। उनके गीतों के सुमधुर बोल हृदय को बींध देते हैं।

हरियाणा की होली में त्यौहार और मेला दोनों का समावेश है, क्योंकि हुड़दंग और हास-परिहास कई-कई दिन तक चलता रहता है। होली पूर्णतः एक लोकतांत्रिक त्यौहार है। स्त्री व पुरुष मिलकर होली खेलते हैं। होली के अवसर पर फाग के गीतों की मस्ती और ढोल ताशों की गूंज सबके मन मोह लेती है। हरियाणा के मेलों और त्यौहारों के इस संक्षिप्त से दिग्दर्शन के पश्चात हम अनुभव करते हें कि इस बात में कितनी बड़ी सच्चाई थी कि जब बीते युग में किसी कलाकार ने यहां के लोगों को हंसते-गाते, नाचते कूदते, होली मनाते, गंगा-स्नान करते और बड़े मन्दिरों में पूजा करते देखकर यह उद्‌गार प्रकट किये थे:- "देशोसस्ति हरियाणाख्यः पृथ्वियां स्वर्गसत्रिमः" अर्थात् पृथ्वी पर हरियाणा नाम का जो प्रदेश है वह स्वर्ग के समान है।

(घ) हार-श्रृंगार और पहरावाः हार-श्रृंगार अर्थात् आभूषण वेशभूषा का अभिन्न अंग है। हरियाणा में आभूषणों का बहुत प्रचार है। स्त्रियां सभी प्रकार के आभूषणों का शौक रखती हैं। किसी भी परिवार की सम्पन्नता उस परिवार की स्त्रियों द्वारा प्रयुक्त आभूषणों से आंकी जाती है। हरियाणा की स्त्रियां जिन अंगों पर आभूषण धारण करती हैं, उनकी संख्या सोलह है। आभूषणों से शोभित होने वाले अंगों पर जिन-जिन आभूषणों को पहना जाता है, उनका अलग-अलग वर्णन किया जा रहा है:-

पैर के आभूषण

पैर का अंगूठा या अंगुलियों के आभूषण छल्ला, टल्ली और बिछुआ हैं। टखने के नीचे और ऊपर पहने जाने वाले आभूषणों में बांक, कड़ी, छैलकड़े, नेवड़ी, ताती, पाती, पाजेब, रमझोला, झांझन, चूड़ी, चमक चूड़ी प्रचलित हैं। पैरों के आभूषणों में कड़ी का महत्व सबसे अधिक है। विवाह में वर-पक्ष की ओर से दिये जाने वाले आभूषणों में कड़ी का स्थान सर्वप्रथम है। पैरों के आभूषण सभी चांदी के होते हैं।

जंघा और कटि के आभूषण

इन आभूषणों में नाड़ा, जो घाघरे के ऊपर दायीं या बाई जंघा पर शोभित होता है, पहना जाता है। कटि पर शोभित होने वाले प्रमुख आभूषण का नाम तागड़ी है। यह चांदी की श्रृंखलाओं की पट्टी होती है और घाघरा या साड़ी के ऊपर पहनी जाती है।

गले और छाती के आभूषण

गुलकन्द चिक, हंसली, पतरी, ताबीज, ढोलना, आदि गले के आभूषण हैं। जो आभूषण वक्ष पर स्तनों तक या उनसे नीचे तक लटकते हैं, उन्हें वक्ष के आभूषण कहते हैं। ऐसे आभूषण हैं:- हरिया, फूल, हार, रामनौमी, कठला, माला, चम्पाकली, कण्ठी, जंजीर, हमेल, टिकावर या झालड़ा, बटन, अंगिया या घुण्डीगरखण्डा।

हाथ के आभूषण

अंगुली और अंगूठा, कर-पृष्ठ, कलाई, कोहनी, भुजदण्ड तथा कंधे पर धारण किये जाने वाले आभूषण हाथ के आभूषण कहलाते हैं। कलाई में सबसे अधिक आभूषण पहने जाते हैं। इनके नाम हैं:- चूड़ी, कडूला, पहुंची, गजरा, छन, छनकंगन, परबिन्द, पछैली। कलाई का सबसे प्रमुख आभूषण चूड़ी है। हरियाणवी स्त्रियां अधिकतर कांच की चूड़ियां पहनती हैं। आजकल तो सोने की चूड़ियां भी पहनी जाती हैं। अंगुलियों में चांदी की गोल छल्ली या अंगूठी धारण करते हैं। करपृष्ठ पर हथफूल। बाजू पर बाजूबंद, कंधे पर धारू या उसी का एक भेद फूलमंजीर धारण किया जाता है। फूलमंजीर का प्रचलन अब समाप्त हो गया है।

कानों के आभूषण

बाली, बूजनी, झुमका, कनफूल, बुन्दे, कुण्डल और डांडे।

मस्तक व नाक के आभूषण

नाक के आभूषणों में नथ, बुलाक, कांटा, लौंग, मुरली पहनी जाती है। मस्तक पर बन्दनी नामक आभूषण धारण किया जाता है। मस्तक के मध्य में टीका या बोरला नामक आभूषण जुड़ा रहता है तथा दोनों

सिरे मस्तक पर होते हुए कानों के आभूषण में जुड़ जाते हैं। सिर के आभूषण में टीका तथा बोरला प्रमुख हैं।

(ङ) पहरावाः "जैसा देश वैसा भेस", अर्थात् व्यक्ति जिस देश में रहता है उसे उसी देश की वेशभूषा धारण करनी चाहिए। हरियाणा की यह लोकोक्ति इस तथ्य की ओर स्पष्ट संकेत करती है कि प्रत्येक देश का वेश कुछ निजी विशिष्टताओं के कारण दूसरे देशों से कुछ भिन्न होता है। वस्त्र किसी भी देश के पहरावे के आवश्यक अंग होते हैं। हरियाणा में पुरुषों के परिधान के लिए "पांच पोशाक" शब्द प्रचलित है। सिर पर पाग (पगड़ी), शरीर पर झगा (एक प्रकार का कुर्ता), कमर पर धोती, कन्धों पर दुपट्टा और पैरों में जूती- ये पांच सामान्य परिधान थे। आज भी हरियाणा के पुरुष, जाति एवं आयु की विविधता के होते हुये भी किसी न किसी रूप में इन पांचों परिधानों को धारण करते हैं, जबकि शरीर के विभिन्न अंगों पर धारण करने के आधार पर हरियाणवी स्त्रियों के वस्त्रों को तीन भागों में विभक्त कर सकते हैं। वे अंग हैं: सिर, वक्ष (छाती) और कटि। इन तीन अंगों को ढकने वाली पोशाक को सम्मिलित रूप से "तील" कहते हैं। ओढ़ना, आंगी, घाघरी- ये तीनों मिलकर "तील" कहलाते हैं। इनमें सिर पर ओढ़ना, वक्ष पर आंगी और कटि पर घाघरी पहनी जाती है।

स्पष्ट है कि हरियाणा में स्त्रियों को सुन्दर पहनावे का बहुत अधिक चाव है। वह इसके लिये बाग, खेत, बैल, भैंस, घेर (पशुओं के बांधने का स्थान) और घर सब कुछ बेचने के लिये तैयार रहती हैं। उसकी यह भावना निम्नलिखित लोक गीत में उभरकर सामने आई है:

ऊंची एड़ी बूट बिलाती पहरन खात्तर ल्यादे। 101
जै तैरे बस की बात नहीं तो म्हारे घरां खंदा दे।
बाग बेच दे बिसवा बेच दे मन्नै रमझौल घड़ा दे।
जै तैरे बस की बात नहीं तो म्हारे घरां खंदा दे।
बैल बेच दे भैंस बेच साड़ी जम्फर ल्या दे।
जै तेरे बस की बात नहीं तो म्हारे घरां खंदा दे।

(च) खानपान: प्राचीन मुद्राओं व ग्रंथों में हरियाणा प्रदेश का वर्णन "बहुधान्यक" नाम से हुआ है जो इस बात का परिचायक है कि यह प्रदेश धनधान्य से सदा परिपूर्ण रहा है और यहां के वासी कृषि तथा पशुपालन को सबसे अधिक महत्व देते रहे हैं। **देसां में देस हरियाणा, जित दूध दही का खाणा।** कवि की ये पंक्तियां प्रदेश के बच्चे-बच्चे के मुख पर हैं और निःसंदेह इस भूभाग के समृद्ध अतीत की ओर ही संकेत करती हैं।

खानपान की दृष्टि से हरियाणा में दूध, दही तथा घी का प्रयोग बहुत किया जाता है। विभिन्न अनाजों में बाजरे की हरियाणा में वही स्थिति है जो मद्रास और बंगाल में चावल की। हरियाणा में बाजरे को अनेक प्रकार से प्रयोग में लाया जाता है। बाजरे की रोटी, बाजरे की खिचड़ी, बाजरे से तैयार की हुई रबड़ी ये सभी पौष्टिक व्यंजन माने जाते हैं। बाजरे के व्यंजनों के अतिरिक्त यहां के वासी दही-खिचड़ी, दूध-दलिया, दाल-रोटी, घी-शक्कर, चावल-बूरा, खीर-पूड़े, हलवा, लापसी, चावल की खीर, लस्सी, मक्खन, सरसों का साग बड़े चाव से खाते-खिलाते हैं। इस प्रकार हम कह सकते हैं कि हरियाणा प्रदेश का खानपान अति शुद्ध एवं सात्विक होता है। इस प्रदेश में लोगों को मीठी चीजें अधिक पसंद हैं। जैसे खीर के साथ मीठे पूड़े, सफेद चावल के साथ मीठा बूरा खाया जाता है। दूध, दही, लस्सी, देसी घी का सेवन, विशेष त्यौहारों पर हलवा, खीर आदि बड़े चाव से खाये और खिलाये जाते हैं।

कला

हरियाणा में पुराने समय से ही चली आ रही कुछ जातियां अपनी-अपनी विचित्र कलाओं के लिए प्रमुख हैं। सुनार तरह-तरह के आभूषण बनाकर अपनी कला को प्रदर्शित करते हें। बढ़ई लकड़ी के काम में निपुण होते हैं। उनकी कला लकड़ी के दरवाजों और पलंगों पर देखने को मिलती है। कुम्हार अपनी कला मिट्टी के बर्तनों पर सुन्दर-सुन्दर चित्र बनाकर प्रदर्शित करते हैं। हरियाणा में कला की झलक धार्मिक रूप में भी देखने को मिलती है। साधारणतया यह देखा गया है कि गृहिणी अपने घरों में देवी-देवताओं की मूर्तियां मिट्टी या गोबर से बनाती हैं। कुछ औरतें अपने

घरों में भगवान की मूर्ति भी दीवारों पर बनाती हैं। दशहरे के त्यौहार पर औरतें बड़ी सजा-धजाकर मूर्ति बनाती हैं। इसी प्रकार अन्य त्यौहारों पर भी भिन्न-भिन्न प्रकार की मूर्तियां बनाकर पूजा की जाती है।

चूँदड़ी (चुनरी) को शीशे के लघु खण्डों से टांकना एक सामूहिक व्यापार है। तो एक स्त्री फलकारी करती है तो दूसरी शीशे जड़ती है। चूँदड़ी के अतिरिक्त चादर, ओढ़नी, टोपी तथा बैलों के पालों आदि पर कसीदा किया जाता है। शीशे की रंगीन नलियों से बंदरवार और फुलझड़ियां बनायी जाती हैं। कपड़े के खिलोनों में ऊंट, घोड़ा, हाथी, रथ, गेंद, दियासलाइयों में चने डालकर झुनझुने आदि भी बनाती हैं। कसीदा हरियाणे की महिलाओं में सभ्यता का लक्षण माना जाता है। जिन महिलाओं को फूलकारी से छूट होती है, वे दिन-रात चरखा चलाती हैं और सूत कातती हैं। फागुन में गांव में स्त्रियां खूब चरखा कातती हैं। पीहर से बेटियाँ आज तक ससुराल में चरखा ले जाती हैं। बहुत से घरों में अब भी कताई का रिवाज है। कताई में निपुणता प्राप्त करना कुलीन तथा सुघड़ नारी का कल्याणकारी गुण समझा जाता है। कला के अंतर्गत हरियाणा में संगीत के क्षेत्र में भी बहुत रुचि ली जाती है।

हरियाणा के लोक गीत

लोक गीतों का धरातल बड़ा रंग-बिरंगा, उत्सुक तथा जीवन की करवटों से आन्दोलित है। इन गीतों में मानव हृदय की प्राकृत भावना निहित है। लोक गीतों में व्यक्तिगत प्रवृति की अपेक्षा सामूहिक प्रवृति अधिक व्यापक है। इसी कारण लोक गीत अत्यंत सामान्य प्रतीत होते हैं। लोक गीतों की परम्परा ऋतुचक्र की भांति तरोताजा रहती है। इतिहास और कल्पना के अंश लोक गीतों की कड़ियों में जुड़ते रहते हैं। लोक के नाना कण्ठों और स्वरों में रमकर लोक गीत उच्चारित होते रहते हैं। निःसंदेह गेयता तथा मानव अनुभूति की सच्चाई में लोक गीतों के चिरजीवन का रहस्य छिपा हुआ जान पड़ता है।

हरियाणवी लोक गीतों में स्थानीय जीवन की गहरी रंग-रेख उभरती चली गई है। इस प्रदेश के वासियों की धर्म-कर्म, अर्थ-अनर्थ, काम-निष्काम

आदि वृतियां, परम्परा, इतिहास, प्राकृतिक प्रकोप एवं आमोद-प्रमोद से युक्त जीवन-लीलाओं का स्वतः स्फुरित भावोद्गारपूर्ण विरेचन ही तो लोक गीतों के रूप में प्रतिध्वनित होता चला आ रहा है। लोक गीतों में जीवन के प्रमुख संस्कारों, पर्वोत्सवों, धार्मिक अनुष्ठानों, ऋतुओं, व्यवसायों अथवा आजीविका के साधनों और उनसे उत्पन्न मानसिक -भौतिक प्रतिक्रियाओं का चित्रण हुआ है। पारिवारिक संबंधों का स्वरूप एवं दिशा-बोध भी इनमें केन्द्रित हुआ है। समाज के व्यवहार, आचार-विचार, नीति-अनीति तथा जीवन-दर्शन पर प्रकाश डालने वाली सामग्री भी इनमें अन्वेषणीय है।

हरियाणा प्रदेश में संस्कार गीतों के अतिरिक्त सावन के गीत, फागुन तथा होली के गीत, पर्वोत्सवों से संबंधित गीत, भक्ति नीति समन्वित गीत, कृषि एवं दैनिक जीवन से संबंधित गीत, विविध गीत आदि गाये जाते हैं। हरियाणवी लोक गीतों की यह विशेषता है कि उनमें बनावट नहीं होती। अशिक्षित जनता के बीच स्वीकृति पा जाना ही उनकी इस सहजता का कारण है। संस्कार गीतों में जन्म और विवाह के गीत उपलब्ध होते हैं। हरियाणा प्रदेश में पुत्र-जन्म को शुभ माना जाता है तथा इस अवसर पर कांसे की थाली बजाई जाती है। एक बधावा गीत में कहा गया है कि आंगन में बाजे बज रहे हैं, भारत की चर्चा है, पीला ओढ़ा जा रहा है। गीत इस प्रकार है:-

म्हारे आंगण बाज्जा बाजियों जो म्हारा राज।
मैं तै नित्त उठ लिप्पां आंगणों,
किस मौस्सरं लिप्पां पिछली पछीत,
बधावा म्हे सुण्यो जी म्हार राज।

विवाह गीतों में सुहाग गीत गाये जाते हैं। इन गीतों में कन्या के सुहाग, मंगलमय भावी जीवन के साथ-साथ उसके लिए पूरे ऐश्वर्य की कामना की जाती है। एक सुहाग गीत देखिए:-

ए सुहाग मांगण लाडो अपणे दादा के गई,
सुहाग देदे दादा मैं तै कद की खड़ी।

ए सुहाग देगा राम जोड़ी अजब बनी,
तेरे भूरे-भूरे हाथ हरी चूड़ियाँ सजी,
ए सुहाग मांगण..................

कन्यां तब तक पराई नहीं होती, जब तक सात फेरे न हो जायें। इसीलिए तो लोक गीतों में गाया जाता है:-

पहला फेरा लीजिए, दादा की ए बेटी,
दूजा फेरा लीजिए, ताऊ की ए बेटी,
तीज्जा फेरा लीजिए, बाबल की प्यारी,
चौथा फेरा लीजिए, काका की ए बेटी,
पाचमां फेरा लीजिए, भाई की ए बेबे,
छठ्ठा फेरा लीजिए, माम्मा की ए भाणजी,
सातमों फेरा लीजिए, लाड्डो हुई पराई।

वर्षा ऋतु में सावन के गीत गाये जाते हैं। ससुराल में मां अपनी लाडली बेटी के लिए लाड़-कौथली का उपहार भेजती है, जिसकी प्रतीक्षा बड़ी व्यग्रता एवं उत्सुकतापूर्वक की जाती है। नाई अथवा भाई, मां द्वारा प्रदत्त परिधान, बड़ी बहन द्वारा प्रदत्त सौभाग्य-चिन्ह (चूड़ियाँ) तथा भावज द्वारा प्रदत्त आभूषण लेकर पहुंचता है:-

बांगा में पपीहा बौल्या, सामणियां कद ल्यावैंगा,
नीमां कै निबौली लाग्यो, सामणियां कद अवैंगा,
मरीयो री बसंता नाई, कोथली कद ल्यावैगा,
मां की तली, बाहण का जोड़ा, बहु की झाझण ल्यावैगा।

हरियाणा के फागुन और होली के लोक गीत बहुत लोकप्रिय हैं। सावन के गीतों में जहां संगीत की प्रधानता होती है, वहां फागुन और होली के गीतों में नृत्य एवं नाटकीयता की गति प्रबल रहती है। फाग के दिनों में मौसम सुहावना होता है। एक नवीना ससुर से अनुरोध करती है:-

ससुर जी ये जोड़े हाथ बाजणा नाड़ा दे घड़वा,

नाड़े बिना मंदी पड़ग्यी चाल,
ससुर जी नाड़ा दे घड़वा,
बहुए म्हारे ना बस की बात,
नाड़ा तेरा जेठ घड़ावैगा,
ससुर जी नाड़ा दे घड़वा,
नाड़े बिना मंदी पड़ग्यी चाल।

होली से पूर्व तथा पश्चात् महिलाओं का आना-जाना जोर-शोर से शुरू हो जाता है। कोई पीहर से आ रही है तो कोई ससुराल जा रही है। होली का एक गीत इस प्रकार है:-

कनै पहराई तनैं हरी-हरी चूड़ियां,
कनैं घड़ाया रे झणकदार कंगणा।
सास पहराई हरी-हरी चूड़ियां,
देवर घड़ाया रे झणकदार कंगणा।

गौने (मुकलावा) और दूसरे-तीसरे प्रस्थान के लिए तील-तागगा अथवा वेशभूषा जुटाना और सुई तथा रंगीन धागों की कला से अपने भावी-जीवन के स्वप्नों को मोर-मोरनी, अश्व-गौ, हिरन-चिड़ियां आदि के रूप में बड़ी उत्सुकतापूर्वक टांका जाता है। चरखे पर गाये जाने वाले गीत सरतियां कहलाते हैं:- अर्थात रात-भर गेय गीत। इन गीतों के आरम्भिक अंश यहां उद्धृत हैं:-

(क) बारहा म्हीन्नां चरखा फेर्या,
बारहा बाग लगाया सै रे मोधुड़ा आया चाहौ...।

(ख) रै चूंदड़ी तेरा जुलम कसीदा
कुण सै म्हीने बोल्ये मोर-पपीह्या,
कब सी चिमकै सीसा रैं...।
कुंण सी नणद नै काढ्या कसीदा,
कुण सी नै गौद्या सीसा।

कसीदा और फुलकारी की कलाओं के गीतों के साथ ही वीणा-गीत भी मिलता है, जिसमें सपेरा-नृत्य की संगत रहती है। इन गीतों में एक सपेरे द्वारा वीणा-वादन के कौशल से अभिमूत मुग्धा बार-बार उससे वीणा बजाने तथा उसके साथ चलने का आग्रह करती है। गीत इस प्रकार है:-

सपेल्ले बीन बजा दे हो, चालूंगी तेरे साथ...।
महलां के रहण आली, रे तनैं झूंपड़ी लगै उदास....।
झूंपड़ी मअं गुजर करूँगी, हो चालूंगी तेरे साथ....॥
पलंगा पै सोवण आली, रै तनै गुदड़ी लागै उदास...।
गुदड़ी मअं गुजर करूंगी, हो चालूंगी तेरे साथ....॥

हरियाणा के लोक गीतों में एक बारहमासिया गीत भी मिलता है। इस गीत में विरह-व्यंग्य है। विरहिणी पति के प्रवासी होने के कारण जीवन के चाव-भाव को पूरा करने में असमर्थ हैं। काश कि उसके पतिदेवी गृह में होते:-

चौत मंअ, री मां मेरी, लामणी हो,
वैसाखी केसू री बैरी रंग भर्या जी।
जेठ मंअ, री मां मेरी, कड़केगी लू,
साढ़ मअं बरसै, री मां मेरी, राम जी री।
सामण मअं, री मां मेरी, आवेगी तीज,
भादुए मअं, आवै सलीणे जोर की री।
आसौजी, री मां मेरी, देवता का हो,
कातक मअ, लाम्बी री नाली बाजरा जी।
मंगसिर मअ, री मां मेरी, जाड्डा आज्या,
पोहज मअं, जाड्डारी बैरी जोर का।
माहज मअं, महाजन लोग,
फागण मैं फगवा खेलै री कामनी।

हरियाणवी बारहमासिया की विषय-वस्तु में अद्‌भुत साम्य प्रतीत होता है। दूसरे में भाव यह है कि सभी मास सुहावने होते हैं, यदि घर पर प्रियतम

हों। पर्वों से संबंधित गीतों में तीज, गूगा नवमी, सांझी पूजन, कार्तिक आदि प्रमुख हैं। हरियाणा में तीज के दिन महिलाएं अपने हाथों पर मेंहदी लगाती हैं। रंगबिरंगी चूड़ियां पहनती हैं। नये रंग-बिरंगे वस्त्र और आभूषण पहनती है। तरह-तरह की मिठाईयां बनाई जाती हैं और सभी महिलाएं तीज के दिन खूब झूला झूलती हैं। तीज का एक गीत इस प्रकार है:-

सामण आया, हे मां मेरी में सुण्या जी
हां-जी कोए, आई नवेली तीज,
पड़ी ए पंजौली हरियल बाग मैं जी।

नवमी की रात्रि को रतजगा होता है जिसमें गूगा की महानता का वर्णन करने वाले गीत गाए जाते हैं। ये गीत हिसार, सिरसा से आगे बीकानेर तक गाये जाते हैं। हरियाणा के अन्य भागों में भिन्न-भिन्न गीत गूगा के विषय में उपलब्ध हैं। उदाहरणस्वरूप:-

लाला सा घोड़ा, गोरा गाभरु,
धरती में गया समाय, जा राणा एक बर घर आ।

ऐसा कहा जाता है कि नवमी को गूगा पीर प्रकट होते हैं। इस विश्वास का कारण है वह लोक गीत, जिसमें गूगा द्वारा अपनी पत्नी से कहा गया था:-

तू मत जिखै गोरी मेरी मैं जाउगाँ तेरा लनिहार।
साढ़ न आउं, साम्मण न आउं, आउं भादु हैं मास।
सात्तम ना आउं, आठम ना आउं,
आउंगा नौम्मी की रात।

सांझी के लिए मिट्टी के विभिन्न अंग आदि बनाए जाते हैं, जिन्हें बड़े कलापूर्ण ढंग से दीवार पर गोबर से चिपका दिया जाता है। इस प्रकार वह पूरी देवी की मूर्ति बन जाती है। उसे मिट्टी के बने आभूषण पहनाए जाते हैं। सांझी के साथ उसकी नायन भी रहती है, जिसका नाम लोक में घूंधा प्रसिद्ध है। सांझी के साथ धूंधी माई की भी पूजा होती है। पूजा के अवसर पर गाया जानेवाला गीत इस प्रकार है:-

म्हारी सांझी ए, के औढ्ढंगी, के पहरैंगी,
क्या हैं की मांग भरावैगी,
क्यां हे की पट्टी ऐ, झुकावैगी।
चूंदड़ ओढ़ंगी, दाम्मण पच्रूँगी,
रोली की मांग भराऊगी,
मोतियां को पट्टी ए झुकाउंगी।

इस पूजन के उपरांत लड़कियां मिलकर सांझी की आरती इन बोलों से करती हैं:-

आरता रे आरता, संझा माई आरता।
आरता के फूल चमेल्ली के बेल्ले,
इतने से भाइयाँ मैं कुण सा गोरा,
चन्दा गोरा, सूरज गोरा, आरता हे आरता।

कार्तिक मास में स्त्रियां स्नान करने के लिए गीत गाती हुई निकट के किसी जलाशय, नहर या सरोवर की तरफ जाती हैं और सारा वातावरण मधुर गीतों से गूंज उठता है। इन गीतों के भाव वातावरण के ही अनुकूल हैं। अम्बर के कोने पर चांद मुस्करा रहा है और तारे टिमटिमा रहे हैं। ऐसे में रमणी कहती हैं कि इस घाट तो मेरा घड़ा नहीं डूबता और घाट के उस पार कृष्ण-मुरारी हैं। अतः मैं यमुना जल भर कर कैसे लाऊं ?

खिल रहा चाँद लटक रहे तारे, चल चंद्रावली पाणी कैसे भर ल्याऊं जमना जल झारी।

सासड़ी की जाई मेरी ननद हठीली,
रात नै खदा दई पाणी,
कैसे भर ल्याऊं झारी॥

कार्तिक में प्रातः स्नान कर तुलसी-पूजन का बहुत महत्व माना जाता है। तुलसी में जल देकर स्त्रियां दीपक जलाती हैं और तुलसी-पूजन का गीत इस प्रकार गाती हैं:-

सात सहेल्ली न्हाण नै चाल्ली,
तुलसां कूक बलाई हो राम,
लोट्टा भी ले लिया झारी भी ले लई,
तुलसां न्हाण नै चाल्ली हो राम,
सात सहेल्ली न्यूं उठ बोल्लो,
तुसां ओड कंवारी हो राम।
लोट्टा भी पटक्या झारी भी पटकी,
रोवंदड़ी घर आई हो राम।

हरियाणा सरस्वती, गंगा तथा यमुना का प्रदेश है। गंगा का प्रथम अवतरण-स्थल हरिद्वार अर्थात हरि का द्वारा हरियाणे का पवित्र तीर्थस्थल है। ऐसी भूमि की पुण्य चेतना से पुलकित एक गरिमा-गान इस प्रकार है:-

चाले हे भैणा राम भजनियां के देस।
लोभ मोह उड़ै दोनूं ए कोन्या, धरम तुलै सैं रोज,
चालो हे भैणा राम भजनियां के देस।।

माता-पिता, गुरु, संत की सेवा करना प्रत्येक गृहस्थ का कर्त्तव्य है। पं0 लख्मीचंद (लोकगायक) ने एक रागिनी में इस प्रकार कहा है:-

माता-पिता अर गुरु, संत की सेवा करणी चाहिए।
इन च्यारां के चरण पूज कै,
सुरग लोक नै जाणा चाहिए......।

हरियाणा में बुआई का अवसर एक आशा एवं उत्साह का काल है। इस समय किसान कई प्रकार के शकुन मानता है, कई देवताओं को मानता है। उसी समय का एक मंत्र रूप में प्रयुक्त होने वाला गीत इस प्रकार है:-

धरती माता ने हरयो कर्यो,
गुरु के जाये नै हरयो कर्यो,

बीज बच्चों सो संतां नै खायो,
घर भर आंगन भर्यो।।

हरियाणा में एक गीत हलिडा के नाम से प्रसिद्ध है। फसल के पकने पर दम्पत्ति प्रसन्न है कि उनके खेत में बहुत सा अनाज हुआ है। नायिका की दृष्टि इस समृद्धि के साथ अपने आभूषणों की ओर जाती है:-

बाजरे की रोट पोई रे हलिड़ा,
बथुअे का रांधा रै साग।
आठ बलधां का रै हलिड़ा नीरणा, चार हलिड़ा,
की टाक बादली हरसन लागी रै हलिड़ा।

दैनिक जीवन की समस्याओं में ससुराल के कष्टों के साथ मरुभूमि की भीषणता ने भी बधुओं के जीवन को नारकीय कष्टों से भर दिया। ऐसी स्थिति में एक उड़ते हुए कौव्वे को संदेशवाहक बनाकर पीहर भेजने की इच्छा से चर्खा कातती हुई एक नववधू कहती है:-

उड़ता जा रै कागा, ले जा रे तागा,
जांदा तो जइए मेरे बाप कै।
मेरे सिर पै खारी कागा,
हाथ बुहारी भुरट बुहारू मैं खड़ी-खड़ी,
मैं सट सट मारु टस टस रोऊँ,
रोऊं नाई का तेरे जीव नै,
बहोत दुखी सूं बागड़ देस में।

बच्चों को चुप कराने के लिए जो लोरियां गायी जाती हैं, उन्हें लोरी-गीतियां कहते हैं। उदाहरण स्वरूप एक लोरी-गीत देखिए:-

पायां माहं पैजणीया, लल्ला छुमक छुमक डोलगा,
हरी जरी के टोपली, बाजार सौही डोलेगा,
दादा कह के बोलेगा, दादी की गोदी खेलेगा।
पायां मांह पैजणीया, लल्ला छुमक छुमक डोलेगा।

गीतों का विस्तार इतना है कि उन सबको समेटना एकदम असंभव सा लगता है। हरियाणा की धरती पर हर संस्कार तथा अवसर पर गाये जाने वाले लोक गीत मिलते हैं। इन गीतों की यह विशेषता है कि ये बहुत सरल और मधुर होते हें तथा हरियाणा की माटी में ये गीत इतने रम गये हैं कि ऐसा प्रतीत होता है, जैसे वहां की धरती के ही अंग हों।

मनुष्य तरह-तरह के संस्कारों तथा मान्यताओं से सदा घिरा रहता है। उसकी इच्छाएं तथा कल्पनायें इन्हीं लोक गीतों में सुनाई पड़ती हैं। इन गीतों में प्रदेशों की संस्कृति और सभ्यता के लक्षण दृष्टिगोचर होते हैं। लोक गीत मनोरंजन का अति उत्तम साधन है। इनके द्वारा जहां एक ओर आनंद प्राप्त होता है, वहीं दूसरी ओर प्राचीन समय के बारे में कथाओं के माध्यम से अवलोकन करने का अवसर भी मिल जाता है।

इस प्रकार यह कहा जा सकता है कि हरियाणवी लोक गीतों में, जितनी भी लोक गीतों की विशेषताएं हो सकती हैं वे सभी विद्यमान हैं। यदि आज भी हरियाणा प्रदेश के अलग-अलग गांवों में जाकर खोज की जाए तो हमें और भी बहुत से लोक गीत बड़े-बूढ़े लोगों के पास मिल सकते हैं। बस, हमारा यह प्रयास होना चाहिए कि हम उन गीतों को खोजें तथा प्रकाश में लायें।

संदर्भ ग्रंथ सूची

1. हरियाणा की लोकधर्मी नाट्य-परम्परा, डॉ. पूर्णचंद शर्मा, हरियाणा साहित्य अकादमी, चण्डीगढ़, 1983
2. आध्यात्मिकता और हरियाणवी संस्कृति बोध, डॉ. रामकुमार भारद्वाज, चिन्ता प्रकाशन, पिलानी, 1981
3. हरियाणाः (सांस्कृतिक दिग्दर्शन), एस.वाई कुरेशी, हरियाणा लोक सम्पर्क प्रकाशन, 1978
4. हरियाणा का इतिहासः के.सी. यादव, मैकमिलन इंडिया लिमिटेड, नई दिल्ली, 1981
5. हरियाणा की गौरव गाथाः उदयभानु हंस, शिशिर प्रकाशन, भिवानी, 1981
6. हरियाणा लोक संगीत संग्रह, नादान हरियाणवी, 1962

7. हरियाणवी लोक गीतों का सांस्कृतिक अध्ययन: डॉ. गुणपाल सांगवान।
8. लोक गीतों का विकासात्मक अध्ययन: डॉ कुलदीप, प्रगति प्रकाशन, 1972
9. हरियाणा प्रदेश का लोक साहित्य: राजा राम शास्त्री, लोक सम्पर्क विभाग, चण्डीगढ़
10. हरियाणा के लोक गीत: भीम सिंह मलिक, आर्य बुक डिपो, नई दिल्ली, 1981

अध्याय - 10

हरियाणा का लोक संगीत

लोक संगीत परम्परा के धरातल पर हरियाणा प्रदेश में एक महान सात्विक लोक परम्परा के दर्शन होते हैं जो अब तक राजनैतिक कारणों के फलस्वरूप शहरों के जन मानस तक पंजाबी संगीत की अपेक्षा कम पहुंची है। प्राचीन लोक संगीत परम्पराओं में उत्तर भारत के लोक संगीत की परम्पराओं का एक बड़ा भाग हरियाणा की धरती पर ही विकसित हुआ है। इनके जनजीवन की सादगी, आध्यात्मिकता, परोपकार, अतिथि सेवा आदि तत्वों का सीधा प्रभाव यहां के लोक संगीत पर पड़ा है।

हरियाणा लोक संगीत परम्परा के अंतर्गत लोक गीत प्रमुख हैं जिनके दो भाग 'मुक्तक गीत' एवं 'कथात्मक गीत' हैं। मुक्तक गीतों के अंतर्गत संस्कार, ऋतु, कृषि, बाल गीत एवं विविध आदि सम्मिलित हैं जो विशेष अवसर के अनुकूल हैं। कथात्मक गीतों में ऐतिहासिक अथवा काल्पनिक पुरुषों के चरित्र का वर्णन गेयात्मक रूप में किया जाता है। जिन्हें 'आल्हा' एवं 'पवारा' आदि नामों से जाना जाता है। इनके अतिरिक्त हरियाणा के लोक संगीत को प्रमुख चार प्रणालियों में विभक्त किया जा सकता है। ये लोक संगीत की विधाएं लोक कंठ की मौखिक परम्परा की धरोहर है और लोक मानस की विविध चित्र वृतियों के कोश माने जाते हैं जो इस प्रकार हैं:-

1. होली राग व नगारा वादन
2. लोक राग

3. किस्सा राग व आल्हा
4. सांग संगीत

1. होली राग व नगारा वादनः होली राग होली से संबंधित गीत होते हैं। गेय होने के कारण लोक संगीत में इन्हें राग की संज्ञा दी गई है। शास्त्रीय संगीत के रागों से इसका अभिप्राय नहीं होता। होली राग के साथ नगारा वादन करना हरियाणा प्रदेश के लोक संगीत की विशेषता है। नगारा वादन (वाद्यवृन्द) में कम से कम एक नगारा, दो जोड़ी झांझ, एक घड़ा, एक ढोल तथा चिमटा होना आवश्यक है। वाद्यवृन्द में भाग लेने वाले को 'बाजीगर' की संज्ञा दी गई है। फागुन के महीने में होली पर्व से एक महीना पहले ग्रामीण लोग भोजन आदि से निपट कर गांव के किसी एक चौक में धीरे-धीरे इकट्ठे हो जाते हैं। प्रमुख गवैये, के पहुंचने पर बाजीगर नगारे के इधर-उधर मिट्टी के चौतरों आदि पर रखी चारपाई पर बैठ जाते हैं और गवैये भगवान को स्मरण करके कोई किस्सा उठा लेते हैं। गवैये दो-दो की जोड़ी में दो टोलियों में बंट जाते हैं। पहली टोली राग को छोटे-छोटे टुकड़ों में गाती है तथा दूसरी टोली उसे दुहराती है। जहां टेक के अंतिम शब्द का उच्चारण समाप्त होता है वहां नगोरबी नगारा वादन आरम्भ करता है। प्रत्येक बाजीगर को उसके साज के आधार पर संज्ञा दी जाती है जैसे नगारा बजाने वाले को नगारची, इसी तरह झांझी, ढोलची, ढफडाबाज इत्यादि। होली राग में श्रृंगार रस की प्रधानता होती है। जब खेत सरसों के फूलों से भरे होते हैं, गेंहू की फसलें पक कर तैयार हो जाती हैं। ऐसे वातावरण में होली राग ग्राम्य जीवन को श्रृंगार रस की मादकता से भर देता है।

2. लोक रागः होली राग के अतिरिक्त कुछ अन्य लोक राग भी हरियाणा में प्रचलित हैं। हरियाणा के लोक राग 'गाथा संगीत' में लोकप्रिय भावनाओं का वास्तविक प्रतिबिम्ब है। इनके गाने की तकनीक शास्त्रीय रागों की तरह जटिल नहीं है। इनका प्रवाह कड़ा तीव्र होता है। इनमें छंद नहीं हैं। पर रस अवश्य है। लोक रागों में टेक की आवृति होती रहती है। लोक रागों की विशेषता है कि इनमें लम्बी-लम्बी कथाओं का गायन किया जाता है और एक लोक राग की गाथा कई-कई दिन तक चलती रहती है।

लोक रागों की गायन तथा रागों के भावों की दृष्टि से तीन भागों में बांटा जाता है।

(1) जोगी राग के अंतर्गत पूर्ण भक्त, हरफूल जाट की लोक गाथाएं हैं।

(2) भाट तथा ड्रूम के अंतर्गत निहालदें, ढोलामारु, नरसी का भात इत्यादि किस्से आते हैं।

(3) पेरना के अंतर्गत रागनी, देसी ठुमरी, टप्पा आदि हैं।

(1) जोगी रागः ये राग व्यवसायी संगीतकार गाते हैं। हरफूल जाट जुलानी वाला हरियाणा प्रदेश का प्रसिद्ध राग (गीत) है। इनकी गायकी सारंगी, मंजीरे, ढोलक पर होती हैं तथा इन्हें दो गायक मिलकर गाते हैं।

(2) भाट तथा डूम किस्साः भाट व डूम बड़े-बड़े रईसों अथवा राजाओं, महाराजाओं के किस्से गाते हैं। यह भी जोगियों की तरह व्यवसायी गवैये होते हैं। कुछ विद्वानों ने किस्सा राग को लोक राग का ही अंग माना है परन्तु कुछ विद्वानों ने इसे स्वतंत्र माना है। डूम किस्सा रागों में किसी कथा का वर्णन किया जाता है। संगीत सौंदर्य की दृष्टि से निहालदे, ढोलामारु, गुग्गा राग इत्यादि इसके अंतर्गत आते हैं।

(क) निहालदेः यह हरियाणा प्रदेश का प्रसिद्ध लोक राग है। इसकी गायकी सारंगी, ढोलक, मंजीरे पर होती है तथा इस राग को दो गायक मिलकर गाते हैं। श्रावण मास में इस राग का उपयुक्त समय होता है। इस राग का कथानक बड़ा रोचक है। किचक गढ़ के महाराज चकवाबेन के वंश में राजा मैनपाल के राजकुमार नर सुलतान को अपनी उदंड प्रवृति के कारण 12 साल का दिसोटा (देश निकाला) दिया जाता है। दिसोटा काटने के लिए वह जंगलों में भटकते-भटकते गोरखनाथ जोगी को मिलता है जो उसे शिष्य नहीं बनाता तथा भिक्षा के बहाने उसे इन्द्रगढ़ भेज देता है। वहां के राजा नर सुलतान को धर्मपुत्र मान लेता है। नर सुलतान शिकार खेलते हुए कैलागढ़ पहुंच जाता है तथा वहां उसका 'निहालदे' के साथ प्रेम हो जाता है। अंत में निहालदे से उसका

विवाह हो जाता है। यह हरियाणा क्षेत्र का महाराग है। इसकी पूर्ण गायकी के लिए कभी-कभी चार-चार महीने लग जाते हैं। इसमें श्रृंगार रस की प्रधानता है। शब्दों का चयन लोक भाषा में है जिससे ग्रामीण जनता इसका रसास्वादन बहुत ही सरलता से कर सकती है।

(ख) ढोलामारूः 'ढोलामारू' निहालदे राग की तरह एक विशिष्ट राग है। इस राग का गायन धमार पद्धति पर किया जाता है। गायक स्वर-स्थापना के लिए अधिकतर दोतारे या सारंगी का प्रयोग करते हैं तथा ताल के लिए ढोलक, खड़ताल या चिमटा बजाया जाता है। ढोलामारु भाव व अलंकरण की दृष्टि से राजस्थान लोक संगीत व ब्रज लोक संगीत का अच्छा सामंजस्य है। इसकी गायकी में करुण व श्रृंगार रस बहुत दिखाई देता है। कहीं-कहीं गति तीव्र होती है तो कहीं-कहीं गति मध्यम होती है जो कि बहुत कोमल व मनोहर लगता है।

(ग) गुग्गा रागः संत 'गुग्गा' की कथा के बिना हरियाणा के लोक-राग अवश्य ही अधूर रह जायेंगे। गुग्गा की पूजा हरियाणा की सभी जातियों में मिलती है गुग्गा की समस्त कथा में ऐतिहासिक तथा धार्मिक तत्वों का अनोखा सम्मिश्रण मिलता है।

हरियाणा की जनता गुग्गा को कई नामों से जानती है। कोई गुरु गुग्गा कहते हैं तो कोई गुग्गा पीर के नाम से स्मरण करते हैं। गुग्गा ने अपने जीवन में अनेक महान कार्य किये थे। इन्हीं आलौकिक कार्यों के कारण उनकी पूजा हिन्दू और मुसलमान दोनों करते हैं। मुसलमान उसे गुग्गा पीर और हिन्दू गुग्गा वीर कहते हैं।

गुग्गा राग बहुत ही सर्व साधारण लोक राग है और गुग्गा पीर की गाथा है। गुग्गा-नौमी के दिन गुग्गा पीर के साम्प्रदायी एक बहुत लंबें बांस पर रंग बिरंगे कपड़े बांध कर जिसे लोक भाषा में गुग्गा पीर की छड़ी कहते हैं, लेकर नाचते तथा गाते हैं। ताल के लिए ढोलक का प्रयोग किया जाता है। गुग्गा पीर का कथानक ऐतिहासिक व पौराणिक संदर्भों के जोड़-तोड़ से बनाया गया है।

(3) पेरनाः पेरना गवैये हरियाणा प्रदेश में अकसर घूमते रहते हैं। जहाँ भी ये डेरा डालते हैं वहीं रात पड़ने पर महफिल जगती है। पुरुष तथा स्त्री-रागनी, देसी ठुमरी, टप्पे, गजल आदि गाते हैं तथा युवतियां नाचती हैं। आजकल हरियाणा में व्यवसायिक गवैये धीरे-धीरे लुप्त होते जा रहे हैं। इसके अतिरिक्त ये भजनी व्यवसायिक गवैये नहीं है बल्कि ये आर्य समाज, सनातन धर्म, जैसी किसी न किसी सामाजिक संस्था के सदस्य होते हैं। अपने संगीत के द्वारा ये अपने सिद्धातों का प्रचार करते हें। स्वर के लिए ये गवैये हारमोनियम, ढोलक, तबला, चिमटा व खड़ताल जैसे साजों का प्रयोग करते हैं। इनके संगीत में आदर्श भावना का बोलबाला होता है।

(4) सांग की परम्पराः सांग या स्वांग हरियाणा का लोक नाट्य कहा जाता है। स्वांग का सामान्य अर्थ किसी भी वेश-भूषा या भाषा आदि का अनुकरण करना है। सांग में किसी विशिष्ट कथा में निहित पात्रों को उसी रूप में दर्शाने की चेष्टा करते हुए अभिनय, वाद संवाद एवं गीत वाद्य और नृत्य का आश्रय लेकर नृत्य नाटिका के रूप में सम्पन्न किया जाता है।

'नौटंकी' सांग का ही पर्याय है जो सांग के ही एक स्वतंत्र प्रकार के रूप में प्रचलित हो गया। नौटंकी में केवल प्रेम गाथाओं से युक्त श्रृंगारिक प्रसंगों को ही महत्व दिया गया जबकि सांग में ऐतिहासिक वीर गाथाओं, सामाजिक प्रसंगों एवं श्रृंगारिक प्रसंगों आदि सभी प्रकार की गाथाओं को लोक नाटय के रूप में प्रदर्शित करने की चेष्टा की गयी।

हरियाणा स्वतंत्र प्रदेश के रूप में नया है परन्तु विशिष्ट भूभाग के रूप में यहां की संस्कृति अत्यंत प्राचीन है। अतः हरियाणा में सांग की परम्परा को लगभग सौ साल पुराना मानकर किशन लाल भाट को (1730 से पूर्व) सांग का प्रथम प्रणेता अथवा सांगी माना जाता है। तत्पश्चात दीपचंद, हरदेवा, लख्मीचंद तथा मांगेराम आदि प्रमुख सांगियों ने इस लोक परम्परा को आगे बढ़ाने में विशेष योगदान दिया।

सांग की उत्पत्ति के विषय में ऐसा माना जाता है कि सांग के उद्‌भव से पूर्व समाज के सम्पन्न व्यक्ति विशिष्ट अवसरों पर मनोरंजन के लिए नक्कालों और वेश्याओं को आमंत्रित करते थे जबकि वेश्याएं अपने नृत्य

तथा मुजरे से जन समूह का मन मोह लेती थीं। यह दोनों ही श्रेणियां समाज में हीन दृष्टि से देखी जाती थीं परन्तु आर्थिक रूप से सम्पन्न व्यक्ति विवाह आदि अवसरों पर इनको बुलाकर अपने अतिथियों का मनोरंजन करना अपनी प्रतिष्ठा प्रदर्शन के हेतु मानते थे। धीरे-धीरे वेश्याओं ने ही अपने नृत्य के बीच नकल, नाटकीयता और अभिनय आदि को समाविष्ट करना आरंभ कर दिया अथवा नक्कालों ने नर्तकी का रूप धारण करके लोगों का मनोरंजन करने के प्रयत्न किये। धीरे-धीरे यह प्रयत्न सांग के रूप में परिवर्तित हो गया क्योंकि लैला-मजनूं आदि श्रृंगार पूरक कथाओं का नृत्य संगीत और अभिनय युक्त प्रदर्शन पुरुषों द्वारा स्त्री वेशभूषा में संपन्न किया जाने लगा। ऐसी स्थिति में किशनलाल भाट ने ही स्त्रियों के स्थान पर पुरुषों द्वारा सांग की परम्परा आरंभ की। जिनमें नाट्य, नृत्य, गीत आदि के साथ-साथ अनेक वाद्यों का प्रयोग तथा वाद-संवाद आदि का प्रयोग होता था।

सांग परम्परा के विभिन्न पक्ष इस प्रकार हैं:-

1. **मंच:**

   सांग का 'मंच' सीधा-साधा व खुले स्थान पर होता है। मंच पर किसी पर्दे की व्यवस्था नहीं होती। खुले मंच पर ही पात्र अभिनय करते हैं और साजिन्दे वहीं एक ओर अपने वाद्यों को मिलाते हैं।

2. **गूगा धमोडा:**

   सांग के आरंभ होने से पूर्व 'गूगा धमोडा' नाचने की परम्परा आरंभ में थी। गूगा के साथ बजते ढोल की धुन इस बात की प्रतीक थी कि अब सांग आरंभ होने वाला है, अत: ढोल की आवाज सुनकर दर्शक एकत्रित होने लगते थे। आधुनिक काल में यह परम्परा प्राय: लुप्त हो चुकी है।

3. **मशालची:**

   सांग के आरंभिक काल में प्रकाश का उचित प्रबंध न होने के कारण मशालों से काम लिया जाता था। एक व्यक्ति मशाल हाथ में लिए मंच पर उपस्थित रहता था और पात्रों के अभिनय के

अनुसार इस प्रकार मशाल घुमाता था कि पात्रों के अभिनय में विघ्न न पड़े। आधुनिक काल में अधिकांशतः प्रकाश की संपूर्ण व्यवस्था हो जाने के कारण 'मशालची' की विशेष आवश्यता नहीं रही।

4. **कथानकः** सांग का 'कथानक' के लिए कोई विशिष्ट नियम नहीं है। यह कथानक ऐतिहासिक अथवा पौराणिक अमर सिंह राठौर, राजा हरिशचन्द्र, कृष्ण सुदामा की कथा से संबंधित हो सकता है। लोक कलाओं के अंतर्गत सरणदे, निहालदे, आदि से संबंधित हो सकता है। भक्ति कथानकों के अंतर्गत मीरा बाई, सत्यवान सावित्री, गुग्गा पीर, भक्त प्रहलाद आदि की कथाएं भी ली जाती हैं। आधुनिक काल में ऐतिहासिक व पौराणिक कथाओं की अपेक्षा भक्ति, काल्पनिक अथवा श्रृंगारिक लोक कथाओं का प्रयोग अधिक किया जाता है।

5. **पात्रः** पूरे कथानक को प्रदर्शित करने के लिए चार या पांच पात्र ही होते हैं जिनमें दो पात्र स्त्री वेशधारी और दो या तीन पुरुष वेशधारी और आवश्यकता पड़ने पर एक ही पात्र कथानक की आवश्यकता अनुसार दो या तीन सहायक पात्रों का भी अभिनय करता है।

6. **कथोपकथनः** सांग में वार्ता और संगीतात्मक 'कथोपकथन' प्रायः दो मुख्य अंग होते हैं। वार्ता प्रायः गद्य में होती है जबकि संगीतात्मक कथापकथन पद्य के रूप में किया जाता है। संगीतात्मक रूप में वाद-संवाद का प्रयोग करते हुए पात्र कथा को मनोरंजन रूप में प्रदर्शित करते हैं।

7. **नृत्यः** स्त्री वेशधारी पात्रों द्वारा मंच पर नृत्य किया जाता है लेकिन यह नृत्य केवल कथानक को स्पष्ट करने या उसे रंजकता प्रदान करने मात्र के लिए ही किया जाता है। मंच के चारों ओर दर्शकों के बैठने की व्यवस्था होने के कारण मंच पर चारों ओर घूम-घूम कर अभिनय करना होता है। स्थान-स्थान पर घुंघरू की झंकार, कमर का मटकाना, अथवा घूम-घूम कर चक्कर लेना आदि ही सांग में प्रयुक्त नृत्य का विशेष अंग है।

8. **साज और साजिन्दे:** सांग में अधिकतर सारंगी, ढोलक, नगाड़ा, ढफली और खंजरी का प्रयोग किया जाता है। आधुनिक समय में कहीं-कहीं हारमोनियम का प्रयोग सारंगी के स्थान पर किया जाने लगा है। इन वाद्यों का प्रयोग विशेष स्थानों पर जोरदार ढंग से करके दर्शकों का ध्यान आकृष्ट किया जाता है।
9. **छन्द:** सांग का छंद गीति छंद है। यह छंद साहित्य के छंद शास्त्र में से समन्वित छन्दों से भिन्न है। किसी समय छन्द में चौबाला प्रधान था, बाद में काफिया प्रधान छन्द हुआ और उसके बाद रागनी को स्थान मिला। सांग के साथ गाये जाने वाले किसी भी गीत को रागनी के नाम से जाना जाने लगा।

रागनी

हरियाणवी भाषा में सांग में गाये जाने वाले गीत को 'रागनी' कहा जाता है। रागनी एक प्रकार की गीत रचना है जिसमें चार अथवा छः टुकड़े होते हैं, प्रथम भाग अर्थात मुखड़े को टेक कहा जाता है, जो एक अथवा दो पंक्तियों से युक्त होता है। टेक के पश्चात कली और तोड़ को लिया जाता है जो कि अन्तरे का भाग होता है।

हरियाणा के प्रसिद्ध लोक गायक पं. लख्मीचंद द्वारा रचित रागनियां अधिकांशतः श्रृंगारिक एवं भक्ति पूर्ण हैं। कुछा उदाहरण इस प्रकार हैं:

सांग नौटंकी की श्रृंगारिक रागनी की पंक्तियां इस प्रकार हैं:-

आया था मैं ठहरण खातर
माणस मारणी बैरण खातर।
नौटंकी के पहरण खातर
हार बणया बड़े जोर का।।

एक अन्य श्रृंगारिक रागनी की कुछ पंक्तियां इस प्रकार हैं:-

छुन छुन छननन करती चालै
चालै चाल छबीली

लचक तीन पड़ै मुड तुड कै
काया करले ढिली।।

भक्ति पूर्ण रागनी की पंक्तियां इस प्रकार हैं:-

मैं भी चालूंगी तेरे
साथ री मेरी मां,
श्री ठाकुर जी के पूजणे का चा।

रागनी हरियाणा की अपनी निराली विभूति है। इसके वर्तमान रूप का अधिकांश श्रेय पं. लख्मीचंद जी को ही जाता है। सांग का स्वतंत्र प्रयोग सर्वप्रथम लख्मी चंद द्वारा किया गया इसीलिए लख्मीचंद को ही रागनी का जन्मदाता माना गया। इन्होंने जहां रागनी को जन्म दिया वहां, उसे अलंकृत करने से भी चूके नहीं। उनकी रागनी की शब्द योजना सुन्दर, कल्पना इतनी मार्मिक, चित्रण ऐसा आकर्षक है कि सहसा मुंह से वाह, वाह निकल पड़ता है उनकी कृतियों में हम कभी श्रृंगार, कभी करुण कभी अद्‌भुत रस का आस्वादन करते हैं।

पं. लख्मीचंद जी के शिष्य पं. मांगे राम ने लख्मीचंद की प्रशंसा करते हुए 'रागणी' के रूप में अपने भावों को इस प्रकार व्यक्त किया है:-

लख्मीचंद ने मार गेरे जब
लकड़हारा गावण लाग्या
बहुत सी दुनिया पाछे रहगी
नए-नए सांग बनावण लाग्या।।

भक्ति भावों से पूर्ण एक अन्य रागनी इस प्रकार है:-

कृष्ण मुरारी म्हारी
वंदना ने गेह्‌ट।
अरज करुं सूं थारे
पायों कै मैं लेटय।।

उपरोक्त रागनियों के अतिरिक्त अन्य ऐसी बहुत सी रागनियां भी उपलब्ध हैं जो लख्मीचंद द्वारा रची एवं गाई गई हैं आज भी हरियाणा में लोक संगीत के कलाकार उनकी रागनियों को ही गाना अधिक पसंद करते हैं। पं. तुलेराम जी (स्व. लख्मीचंद के सुपुत्र) के कथानुसार 'लख्मीचंद के बाद अब तक बहुत ही कम रागनियों की रचना हुई है। अधिकतर लोग इन्हीं की रागनियों को सुनने एवं गाने में रुचि रखते हैं। इस प्रकार हरियाणा के लोक संगीत की परम्परा के अंतर्गत होली राग, लोक राग, किस्सा राग, सांग संगीत तथा रागनी का वर्णन किया गया।

संदर्भ ग्रंथ सूची

1. हरियाणा के लोक गीतः भीम सिंह मलिक, 1981
2. हरियाणा की गौरव गाथाः उदयभानु हंस, 1981
3. हरियाणा लोक संगीत संग्रहः नादान हरियाणवी, 1962
4. हरियाणा प्रदेश का लोक साहित्यः राजा राम शास्त्री
5. हरियाणा की लोकधर्मी नाट्य परंपरा का आलोचनात्मक अध्ययनः डॉ पूर्णचन्द्र शर्मा, 1983
6. हरियाणा का इतिहासः के.सी. यादव, 1981

अध्याय - 11

हरियाणा तथा पंजाब के लोक संगीत की विशेषता

लोक संगीत अपने व्यापक अर्थ में संपूर्ण मानव जाति पर चरितार्थ होते हुए भी सामान्यता ग्रामीण जनता की भावना की स्वाभाविक अभिव्यक्ति है। लोक संगीत के प्रमुख तत्व स्वर, भाषा, लय तथा ताल हैं।

स्वर अर्थात् ध्वनि प्रकृति का गुण है जो आकाश की भांति व्यापक और अखण्ड है। नदी की कलकल, पशु पक्षियों की वाणी पवन के झोकों के कारण वृक्षों से होती झनझनाहट वर्षा के बूंदों की टपटप, बादलों का गर्जन, शिशु का क्रंदन और किलकारी आदि अनेकानेक ध्वनियां संगीतात्मक ध्वनि की प्रेरणा स्त्रोत हैं। मानव ने अपने बुद्धि प्रयोग से इन सभी ध्वनियों को न केवल सुना बल्कि प्रति ध्वनित करने का भी प्रयत्न किया। यह प्रयत्न ही संभवतः लोक धुनों की उत्पत्ति का आधार है। भिन्न-भिन्न स्थानों की भिन्न भौगोलिक अवस्था के कारण ही संभवतः प्रादेशिक स्तर पर भी लोक संगीत में भिन्नता प्रतीत होती है। यह भिन्नता विशिष्ट स्वर सन्निवेशों, लय के विशिष्ट प्रयोगों तथा किन्हीं विशिष्ट संगीत अलंकरणों से दृष्टिगोचर होती है। लोक धुनों की निमिती मानव के आस-पास के वातावरण, दैनिक जीवन की घटनाओं, कृड़ाओं, मूल भावात्मक संघर्षों से साक्षात्कार की प्रतिक्रिया के फलस्वरूप होती है। स्वाभाविक रूप से निःसृत होने के कारण विशिष्ट प्रदेश की गतिविधियों से यह धुनें प्रभावित रहती हैं। इसीलिए प्रादेशिक भाषा न जानने पर भी लोक धुनों के स्वरात्मक धारा

प्रवाह से उसके पहाड़ी क्षेत्र होने का, तटवर्ती क्षेत्र होने का, संघर्षशील क्षेत्र होने का, अथवा आदिवासी क्षेत्र होने का आभास भी मिल जाता है और उसके अनुकूल ही विशिष्ट लोक धुनों की रंजकता अभिव्यक्त होती है। संगीत विद्वानों का कहना है:– 'रंजक: स्वर संदर्भों गीतनित्वमिघीयते'[1]

अर्थात् उनके अनुसार हृदय का रंजन करने वाले कोई भी स्वर समुदाय इस अर्थ में भी 'गीत' शब्द को सार्थक करते हैं अत: मधुर ध्वनि स्वरों का रूप धारण कर जब सुकोमल कंठ के माध्यम से मुखरित होती है तभी लोक संगीत का रंजक तत्व उभर आता है। ढोल, ताशा, बांसुरी, बीन आदि लोक वाद्य इस रंजकता को और अधिक सौंदर्यात्मकता प्रदान करते हैं। लोक धुनों के स्वरात्मक सौंदर्य में प्राकृतिक उपकरणों का विशेष महत्व है। जंगली पशुओं की खाल, सींग, बाल, बांस अदि का प्रयोग करके अनेकानेक लोक वाद्यों का निर्माण करके उनके माध्यम से मधुर ध्वनियों को उत्पन्न करना और उनका प्रयोग लोक संगीत में करना, लोक कलाकारों द्वारा की जाने वाली स्वरात्मक अभिव्यक्ति अपना विशेष महत्व रखती है।

ध्वनि की गतिमानता तथा उसके मूल वैज्ञानिक सिद्धांतों से अपरिचित होते हुए भी लोक कलाकार केवल रंजकता के तत्वों को ही ध्यान में रखते हुए अनेक बार पत्ते को लपेट कर या एक धागे को तान कर उससे उत्पन्न होने वाली ध्वनियों का भी प्रयोग लोक धुनों में कर लेते हैं। यही कारण है कि लोक संगीत का स्वरात्मक सौंदर्य सिद्धांतों के धरातल पर आसीन होने की अपेक्षा अंप्रेशनीयता, सरलता, सहजता और सरसता आदि गुणों से युक्त रहता है।

भाषा संगीत का एक प्रमुख अंग है क्योंकि स्वर लय पूर्ण आधुनिक गीतों की अभिव्यक्ति में भाषा ही पारिवारिक एवं सामाजिक जीवन का भावात्मक चित्रण करती है। सरल और सहज स्वरात्मक एवं लयात्मक प्रयोगों से सुसज्जित लोक भाषा ही लोक संगीत के लिए ग्रहण करने योग्य है। लोक संगीत की रचनाएं सरल, सुमधुर और आडम्बर हीन होती हैं। कलिष्ट एवं कठोर शब्दों तथा भावों का इनमें अभाव रहता है। सामान्य रूप से लोक गीतों की भाषा के माध्यम से अभिव्यक्त प्रसंगों के अंतर्गत दैनिक

कार्यों का उत्साह पूर्ण एवं मनोरंजन वर्णन वार्षिक पर्व एवं उत्सवों का वर्णन वीर योद्धाओं की प्रसन्नता, देवी देवताओं की महिमा का वर्णन, देश प्रेम एवं मानव जाति में पारस्परिक स्नेह भाव का वर्णन अत्याचार का विरोध आदि सम्मिलित रही हैं। भावों की प्रबलता, जीवन के प्रति आकर्षण, चपल, भावात्मक भावों की अभिव्यक्ति, प्रेम विरह, हर्ष एवं विषाद आदि की अभिव्यक्ति के रूप में लोक गीतों की भाषा, पारस्परिक प्रेम, सदभावना, वीरता एवं धार्मिक भावनाओं से परिपूरित रहती है और मानव के संपूर्ण जीवन काल में संस्कारों आदि से संबंधित प्रसंगों को भी अन्तर्निहित कर लेती है। श्रृंगार, संयोग तथा वियोग आदि भावों को प्रतीकात्मक रूप से सांकेतिक भाषा में अभिव्यक्त करने के लिए चातक, पपीहा, कोयल आदि पक्षियों का आश्रय लेकर मार्मिक दृष्टांतों का वर्णन भी लोक गीतों की भाषा का एक अंग है। यद्यपि लोक संगीत अपरिष्कृत अविकसित सभ्यता की ओर संकेत करता है तथापि अपनी परिधि में लोक गीतों की भाषा के माध्यम से उलाहना देना, नैतिक मूल्यों की ओर संकेत, सामाजिक आदर्शों के संबंध में निर्देश देना, पारम्परिक, सामाजिक मूल्यों, रीति रिवाज एवं सांस्कृतिक रूप रेखा की ओर संकेत करने में लोक गीतों की भाषा का विशेष महत्व है। यह लोक गीत यद्यपि किसी एक या अनेक व्यक्तियों द्वारा सामूहिक रूप से रचे जाते हैं परंतु लोक गीतों के प्रवाह की दृष्टि से सृजनकर्ता गौण हो जाता है और गीत सामूहिक बन जाता है जो अधिकतर मानव समाज को एक सूत्र में पिरोने में सहायक सिद्ध होता है। लोक गीतों के कुछ उदाहरणों से इनकी भाषा में निहित गरिमा और विविधता का अनुमान सहज ही लगाया जा सकता है।

हरियाणा का आमरण श्रृंगार गीत इस प्रकार है:-

हे सासू बढ़िया सी मंगा दे साड़ी
मैं चक्कर कांटू खड़ी-खड़ी।
हरिया हरिया कब्जा मंगा दे,
हाथ की मंगा दे टेम घड़ी।

निम्नलिखित हरियाणा का एक सावन का गीत इस प्रकार है:-

बागां में पपीहा बोल्या, सामणियां कद आवैगा।
नीमां के निम्बोली लाग्यी, सामणियां कद आवैगा।

सावन मास के लक्षणों, व्यंजना व्यापार, नारी सुलभ, अधीरता एवं तीज पारिवारिक संबंधों की स्निग्धता से टपकते उक्त गीतों में भाषा शैली की कोमलता एवं कलात्मकता उल्लेखनीय है।

इसी प्रकार मानवीय मूल संवेदनाओं का प्रतिबिम्ब हम भारतीय लोक संगीत में पाते हैं। पंजाब में माहीये की धुन बहुत प्रचलित है। माहिये के शब्दों से ही आभास हो जाता है कि यह गीत माहिये की जुदाई में कहे गये हैं। माहिये में पहल प्रेमिका की ओर से ही होती है और माही को संबोधन करके कहती है:-

मैं रबड़ी खा बनेरे ते,
बुत मेरा इथे वसदा,
रूह माहीये दे डेरे तै।

सच दस तू माहीया,
कदी याद वी कीता है।

सहज व सुलभ वर्णन उपरोक्त गीत में दृष्टव्य है। इस प्रकार किसी भी प्रदेश के लोक संगीत में लोक मूलक तत्व अवश्य विद्यमान रहते हैं। दूसरे शब्दों में कहा जा सकता है कि संपूर्ण लोक संगीत लोक जीवन का प्रतिनिधित्व करता है तो अतिश्योक्ति न होगी।

लोक संगीत जातियता से जुड़ी एक सहज भावनात्मक अभिव्यक्ति है जो प्राकृतिक झरने की तरह स्वत: प्रस्फुटित होती रहती है। दूर किसी बस्ती से आ रही गीत की ध्वनि सुनकर राह पर चलता राही भी मोहित हो जाता है। लोक संगीत का यह पक्ष बड़ा ही सशक्त है। दिन भर की मेहनत से हुई सारी थकान किसान लोक संगीत सुनकर उतार लेता है। वह अपने सारे दुख-दर्द भूलकर लोक संगीत की गुदगदी का आश्रय लेता है और उसकी लोक धुनें संजोकर खेतों तक ले जाता है और दिन भर काम करते समय

भी उसे यही याद रहता है। सूक्ष्म पारिवारिक संबंधों की व्याख्या के रूप में लोक संगीत एक सशक्त माध्यम रहा है। लोक गीतों में भाई बहन, प्रेमिका प्रेमी, सास बहु, मां-बेटी, देवर भाभी अर्थात सभी संबंधों के सुलभ संबंधों का प्रतिनिध्व कटुताएं, हास परिहास, विरह मिलन, आकांक्षाएं निहित रहती हैं।

सावन मास में झूलने का चाव, सास की आनाकानी, बहु का आक्रोश, भाई का इंतजार आदि का विषद वर्णन लोक गीतों में उभर कर सामने आता है। एक हरियाणवी लोक गीत के बोल इस प्रकार हैं:-

बहुः आया री सासड़ सामण मास पटड़ी घड़ा दे,
चंदन रूखकी,
सासः म्हारे तै बहुड चंदन न रूख जाय घड़ाइयो अपने बाप के।

भावज अपनी सलोनी ननद के कान में यह कह देती है दूंगी री नंनदल बुगचे की तील छटे महीने सीधा कोथली, जी राजे। कितनी प्रसन्नता हिलोरे ले रही है उसके मानस-सरोहर में इसका वर्णन इस मेहंदी गीत में इस प्रकार है:-

धोलो री नन्दल मेहदे के पाल, रगड़ रचाजी मेंहदा रेचाणां जी राज
ननद रचाए हाथ और पां हमनै रचाई चिटली आंगली जी राज।[7]

फाग के दिनों में मौसम सुहावना होता है। नाच और गीत प्रकृति के रोम-रोम में रमकर सौंदर्य प्रिय मानव के कंठ, पद और अंग प्रत्यंग में ही क्यों, उसके मन और आत्मा में भी अपूर्व आनंद की ज्योति जगा देते हैं। इसी बीच एक नवीना ससुर से अनुरोध करती है:-

ससुर जी नाड़ा दे घड़वा
नाड़े बिना मंदी पड्ग्यी चाल,
ससुर जी नाड़ा दे घड़वा।

ससुर, जेठ, देवर और पति का क्रम इसी प्रकार पूरे गीत में चलता है। जब नाड़ा घड़वा कर बहु को दे दिया जाता है तो सास उससे प्रश्न करती

है– बहु तू इस भारी भरकम तथा बजते हुए आभूषण को पहन कर अपने ससुर जी के साथ कैसे चलेगी? फिर गहनों से लद जाने पर अपने लाल की देखभाल कैसे करोगी?

तब बहु निःसंकोच भाव से उत्साह में और अल्हड़ता की लहरों में उमड़ती, नाच और गाकर उत्तर देती हैः–

तूं तः सुसरे की गेल्यां,
बहुअड़, क्यू कर चाल्लेग्गी,
मैं तः गज का घूंघट ताण्यं,
फरणांटयां चाल्लूंगी।
मेरा रौवे री हीरे लाल,
मैं गोदी ले ल्यूंगी।

पंजाब में गांव की लड़कियां जब एकत्रित होकर चरखा कातती हैं तो उस समय चरखे की घूकर उनके मन की तारों को छेड़ती है और वह धूकर के साथ आवाज मिलाकर इस प्रकार गीत गाती हैंः–

शावा नी धूकर चरखे दी।
वसदा रहे मेरी अनड़ी दा बहेड़ा,
मैं आंगन चरखा डांह,
शावा नी, धूकर चरखे दी......।

पारस्परिक संबंधों के अतिरिक्त खान–पान संबंधी विवरण भी लोक गीतों के माध्यम से स्पष्ट हो जाता है। पंजाब में बाजरे का निम्न गीत बहुत प्रसिद्ध हैः–

बाजरे का सिटा असी तली तै मरोड़या
रूठड़ा जांदा माहीया असां गली विचो मोड़या
गिड़या गिड़दा खूद पानी देनी आं मकई नूं
पई यांद करनी आ तेरी मां उद्द गई नू।

प्राकृतिक सौन्दर्य का जुड़ा रहना भी लोक संगीत की अपनी विशेषता रही है। आदि काल से ही मनुष्य ने अपना विकास माध्यम प्रकृति को बनाया। इसी कारण प्रकृति आज तक लोक संगीत से अलग नहीं हो पायी। हवा, पानी, पर्वत, झरने, ऋतुएं आदि लोक गीतों में उभर कर आती है। प्रादेशिक संगीत में ऋतुगीतों की रचना इस बात का सक्षम उदाहरण है कि ऋतुओं ने युगों से जन मानस की भावनाओं को आन्दोलित किया है। सावन के मास में विरह मिलन, बैसाख में फसलों का उल्लास और न जाने कितना अधिक भण्डार इन ऋतुओं ने लोक संगीत को जुटा दिया है। उदाहरण के रूप में सावन मास में ग्राम्य जीवन हलचलों से भर जाता है। नदियां, नाले, तालाब वर्षा के जल से भर जाते हें। नीम, पीपल, हरे-भरे होकर झूमते हैं और प्राकृतिक सौन्दर्य पूर्ण यौवन पर होता है। ये सब मिलकर हमारे भीतर के तल में व्याप्त मूल संवेदनाओं को आन्दोलित करते हैं। यह प्राकृतिक सौन्दर्य है जो आदि काल से मनुष्य को अपने सम्मोहन में लेता आया है।

आध्यात्मिक विश्वास तथा क्रियाकलाप भी लोक संगीत की विशेषता है। लोक संगीत कहीं न कहीं प्रत्यक्ष अथवा अप्रत्यक्ष रूप से किसी न किसी धार्मिक विश्वास से जुड़ा रहता है। धार्मिक अनुष्ठान चाहे वैदिक काल के हों या आधुनिक दोनों स्थानों पर जब जन-संगीत लोक से जुड़ा है उसकी पृष्ठभूमि में व्यक्ति के धार्मिक विश्वास रहे हैं। चाहे खेड़ा पूजन या जठेरे पूजन (पंजाब) अथवा विवाह गीतों में सुहाग गीत हों। सब जगह एक विश्वास, पूर्वजों का आदर तथा पूजा भाव निहित रहता है। लोक संगीत में भक्ति नीति का संदेश बहुत सहज ढंग से आम जन मानस तक संप्रेषित होता है। अपने संपेषणीयता के गुण के कारण लोक संगीत का क्षेत्र अत्यधिक व्यापक है। लोक संगीत को समय-समय पर विभिन्न रूपों में प्रचार माध्यम भी बनाया गया। भक्ति-नीति सम्बन्धी सभी तरह के संदेश व प्रचार लोक संगीत के माध्यम से जोगियों, गाथा गायकों आदि लोक कलाकारों ने आप जन मानस तक पहुंचाया है। अतः साहित्यिक दृष्टि से लोक संगीत का क्षेत्र अत्याधिक व्यापक है। लोक संगीत में किसी एक भाषा विशेष के प्रयोग को नहीं गिनाया जा सकता। प्रांत की जनपदीय भाषाओं से लोक गीतों का कलेवर बना है। स्वरों की भांति शब्द भी

लोक–गीतों में इतना सामान्य, परिमार्जित, त्रुटिमधुर एवं धार्मिक स्वरूप ले लेते हैं कि कृत्रिमता का उसमें कोई स्थान नहीं रहता। अलंकारों तथा मुहावरों के अनावश्यक बोझ से लदी हुई भाषा लोक संगीत में नहीं मिलती। पिंगल शास्त्र की दृष्टि से भी विविध छंदों का प्रयोग लोक–संगीत में मिलता है। इसी प्रकार लोक संगीत की अनेक अन्य सार्वभौम विशेषताएं भी हैं। प्रकृति–वर्णन, मानगर्विता नायिकाओं की उक्तियों आदि के रूप में लोक संगीत में लोक जीवन की अनंतता के दर्शन होते हैं। उल्लेख है कि लोक संगीत में, तत्कालीन सभ्यता एवं संस्कृति का प्रभाव जैसे साहित्य की दृष्टि से परिलक्षित होता है। वैसे ही संगीत की दृष्टि से भी पंजाब का शौर्य तथा उत्साह भंगड़ा नृत्य में पूर्ण रूप से झलकता है। डॉ. चिंतामणि उपाध्याय के शब्दों में लोक संगीत में मानव हृदय के भाव लोक जीवन के सामान्य धरातल पर उतर कर आशा–निराशा, आकर्षण विकर्षण, हर्ष विमर्श, प्रणय एवं कलह आदि के रूप में व्यक्त हुए हैं। लोक संगीत की इस अभिव्यक्ति में हमें मानव जीवन की उस प्रारम्भिक स्थिति के दर्शन होते हैं, जहां साधारण मनुष्य अपनी लालसा, उमंग, उल्लास, प्रेम एवं घृणा आदि भावों को प्रकट करने में समाज द्वारा मान्य शिष्टाचार के कृत्रिम बंधनों को स्वीकार नहीं करता। स्वच्छ भावना और उसकी स्वच्छ अभिव्यक्ति लोक संगीत के लक्षण हैं। इस कथन की सच्चाई लोक गीतों को सुनकर स्वतः स्पष्ट हो जाती है। इनमें शब्द जाल नहीं रहता और शब्दों तथा स्वरों के चयन में नकलीपन न होकर एक सहजता व्याप्त रहती है। जिसमें दैनिक जन जीवन के कड़वे गीतों वाला अथवा लोक संगीत की पृष्ठभूमि होते हैं।

लय एवं ताल लोक संगीत का अविभाज्य अंग है जिसका संरक्षण और सम्वर्धन लोक संगीत के साथ ही होता रहा है। लय की विविधता की दृष्टि से ही अनेकानेक छंदों एवं पदों का अविर्भाव हुआ और लय के विशिष्ट विभाजनों को ताल का नाम दिया गया। लोक संगीत में लय के सूक्ष्म विविध प्रयोगों की अपेक्षा लय की एक रूपता पर अधिक बल दिया जाता है जिसमें मात्राओं की किन्हीं एक या दो सूत्रों का निर्माण विशेष महत्व रखता है। कहरवा, दादरा, रूपक आदि कम मात्राओं की छोटी–छोटी सरल तालों का प्रयोग ही लोक संगीत में किया जाता है।

यह नितान्त सत्य है कि संपूर्ण ब्रह्माण्ड की गति लय पर आधारित है और संपूर्ण सांसारिक गतिविधियां लय के प्राकृतिक महत्व को स्वीकार करते हुए संपन्न होते हैं। लय का संबंध वैज्ञानिक दृष्टिकोण से समय और कंपन से है। एक विशिष्ट समय अवधि में होने वाले निश्चित कंपन ही लय को आकार प्रदान करते हैं और यह प्रकट आकार ही विशिष्ट लय को जन्म देता है।

लय का प्रभाव मानव पर स्वाभाविक रूप से पड़ता है इसीलिए पालने में झूलता हुआ बालक लय की एकरूपता के कारण निंद्रा में मग्न हो जाता है अथवा एक ही लय में ढोल पर दी जाने वाली थाप से मानव हृदय में जोश और उत्साह उत्पन्न हो जाता है जबकि घंटियों की मधुर टंटनाहट से मानव हृदय झंकृत हो उठता है।

लय की प्रभावमयता को स्वीकार करते हुए ही संभवतः प्राचीन पौराणिक कथाओं में भी विभिन्न लय वाद्यों का संबंध विशिष्ट देवताओं और संत महात्माओं से जोड़ा गया है। कुछ संगीत सम्बन्धी पदों में इस प्रकार के प्रसंग मिलते हैं। जैसे भक्त प्रहलाद द्वारा झांझ मंजीरा वादन, उद्धव द्वारा कांस्य नामक ताल वाद्य बजाये जाने तथा सुराधिपति इन्द्र द्वारा मृदंग वादन का उल्लेख मिलता है। इसी प्रकार नटराज के लौकिक नृत्य के साथ नन्दी तथा मृंगी द्वारा विविध प्रकार के ढोलों तथा मृदंग वादन के भी उल्लेख प्राप्त होते हैं।

लोक संगीत में लय का प्रयोग स्वाभाविक अभिव्यक्ति है क्योंकि लोक संगीतज्ञ न तो संगीत शास्त्र के ज्ञाता होते हैं और न ही उन्हें लय और ताल के वैज्ञानिक प्रयोगों अथवा उनके मनोवैज्ञाानिक प्रभावों के विषय में कोई ज्ञान होता है लेकिन फिर भी अवसर और भाव के अनुकूल उल्लासपूर्ण लोक गीतों की गति चंचल और द्रुत लय से युक्त एवं करुण, विषाद और वियोग पूर्ण भावों की अभिव्यक्ति करने वाले लोक गीतों की लय स्वाभाविक रूप से धीमी हो जाती है। साधारण रूप से यदि विचार किया जाये तो यह स्वाभाविक प्रक्रिया की साधारण बोल चाल में भी परिलक्षित होती है। प्रसन्नता, उत्साह, जोश और उमंग में व्यक्ति के बोलने और चलने की गति में भी तीव्रता आ जाती है जबकि दुःख, वियोग अथवा विरह में

उसकी वाणी तथा संपूर्ण गति-विधियों की गतिमान्यता में शिथिलता आ जाती है। इसी आधार पर संभवतः विलम्बित, मध्य और द्रुत में लय का स्थूल विभाजन किया गया है और अधिकतर शांत, करुण, वियोग तथा वैराग्य आदि भावों से युक्त लोक गीतों में अधिकतर विलम्बित लय अथवा मध्य लय का प्रयोग तथा वीर, हास्य और उत्साह वर्धक लोक गीतों में अधिकतर द्रुत लय का प्रयोग दिखाई पड़ता है। लय की विशिष्ट काल अवधि से निर्मित मात्रा और अनेक मात्राओं के संयोजन से जिस एक चक्र का निर्माण होता है उसे ही ताल का नाम दिया गया है। मात्राओं, के विभिन्न समूहों और विभागों से युक्त अनेक चक्रों को संगीत विद्धानों ने भिन्न-भिन्न तालों के नाम दिये हैं। परन्तु लोक संगीत में केवल कुछ सरल तालों का प्रयोग भी अन्तरनिहित है। कठिन और किलष्ट तालों का लोक संगीत में विशेष महत्व नहीं है। लय और तालों के आधार पर ही लोक संगीत में लोक छन्दों का निर्माण हुआ है यहां छंद का तात्पर्य साहित्यिक छंद न होकर लय के आधार पर किए गये शब्दों के समायोजन से है क्योंकि साहित्यिक कवियों की भांति लोक गायक मात्राओं पर या अक्षरों के रख रखाव पर अधिक ध्यान नहीं देते बल्कि लय के अनुसार गीत गेयात्मकता शब्दों को खींच तान कर, ओ हो, हे रि आदि निरर्थक अक्षरों का प्रयोग करके रंजक्ता पूर्ण ढंग से अपना काम चला लेते हैं। यद्यपि लोक गीतों में तीन ताल, चौताल, धमार, चाचर, झपताल, रूपक आदि अनेक तालों का प्रयोग होता है और कभी एक ही गीत में दो या तीन तालों का प्रयोग कर लिया जाता है परन्तु लोक गायकों का इन तालों की शास्त्रीयता से कोई संबंध नहीं होता अपितु वह इन प्रयोगों को विशिष्ट लोक छंद प्रयोगों के रूप में ही जानते हैं और इन छंदों को वह कोई विशिष्ट नाम जैसे फाग, होली, धमार, डेढ़ताल, झूमर, बारहमासा, उलारा चहरा, मनारा आदि नामों से पहचानते हैं।

सूफी कवि मलिक मुहम्मद जायसी ने अपने काव्य पद्मावत में इसकी चर्चा की है, यथा:-

चहइ मनोरा-झूमक होई।
फर अउ फूल हिलै सब कोई।।

एक अन्य उदाहरण इस प्रकार है:-

फागुन जाड़ गुलाबी, पिया मोके अंगिया,
सियाऊ, मनोरा झूमक हो।

लोक छंदों में फाग का विशिष्ट स्थान है फाग फागुन के महीने में गाया जाता है जिसमें अधिकतर होली का वर्णन या नायक नायिका का श्रृंगारिक वर्णन किया जाता है। उदाहरण स्वरूप:-

वृंदावन फाग मचा सखिया,
उड़त गुलाल, लाल भये बादर,
रंग बिनु कोउ न बचा सखिया,
वृंदावन फाग मचा सखिया।।

हरियाणा में भी फाग का विशेष महत्व है। देवर-भाभी के होली खेलने का वर्णन फाग गीतों का एक विशेष अंग है। उदाहरण स्वरूप:-

लीय्या देवर रंग घोल के,
खेल्लांगे होली आज।
सिर मेरे पै चूंदड़ी सौहे,
मार्य पिचकारी, घूंघट नै छोड्य कै,
खेल्लांगे होली आज।

चौताल नामक लोक छंद में एक बोल और चार अंतरे होते हें। हर अंतरे के बाद बोल को दो बार पहले और दो बार बाद में गाया जाता है। चौताल का संक्षिप्त उदाहरण इस प्रकार है:-

सखि, फागुन मास, दिलदार बलमु सुद्धि आई,
एक सुधि आई रे बारी बगइयां में
बारी बगइयां में, बारी बगइयां में,
सखि गिरतइ नैबुल दवि आई, बलमु सुध आई।

चौताल की भांति ही डेढ़ ताल नामक छंद है जिसमें चौताल के समान ही मात्राओं का योग होता है परन्तु अन्तरे में आधी मात्राओं की वृद्धि हो जाती है। उदाहरणः-

मोरी कुसुमी चुनरिया में
दाग लगल केहि भांति।
दाग देखत पिया सोहा उड़सि हैं,
हे धोबी, मैं पैया लागऊं,
हे धोबी, मैं पैया लागऊं,
हाथ जोरिके मिखिया मांगऊं,
प्यारे, चुनरी के दाग छुड़ाबहु बलमुआं क थाती।।

झूमर एक अन्य लोक छंद है। जिसकी प्रथम पंक्ति चौंताल की तरह ही होती है लेकिन अंतरा काफी लम्बा होता है। उदाहरण स्वरूपः- गति देखलिऊ समनवां अनोखे बलमु घटआए, माथे मुकुट, लिलाट सुगन्धित तिलक लगाए।।

कटि कद्दनी, पट पीत, वेष नटवर छवि छाए।
चूमत मृदुल कपोल हंसि-हंसि,
रतिपति अति सुधर सुहाए।
बलमु घट आए।

झूमर पंजाब का भी एक विशेष नृत्य प्रकार है जिसके साथ गाए जाने वाले गीत में भी चौताल के समान ही एक बोल और अनेक अंतरे होते हैं। इसका संक्षिप्त उदाहरण इस प्रकार हैः-

लंघ आ जा पतन झना दा यार,
लंघ आ जा पतन झना दा,
सिर सदका में तेरे ना दा यार,
मेरे काग बनेरे उतै बोलेया,
मेरो ततड़ी या जीया बड़ा डोलेया।
आ जा.....................।

लोक छंदों में बारहमासा ऐसा छंद है जिसे अधिकतर फागुन के महीने में ही गाया जाता है उसमें 12 महीनों का वर्णन होता है। इसमें ऋतु वर्णन अथवा विशिष्ट ऋतु से संबंधित विरहिणी की मनः स्थिति को दर्शाया जाता है। यथा:-

बालम बिनु सूनी सेजरिया।
चढ़त असाढ़ पपिहरा बोलइ?
सावन बोलई बन मोर।

इसी प्रकार हरियाणा के श्रावणी गीतों में भी 'बारहमासा' वर्णन परिलक्षित होता है। जिसे बारहमासिया के नाम से जाना जाता है। इन बारह-मासियों में कभी-कभी प्रत्येक ऋतु एवं उससे संबंधित पर्वों की विशेषताओं का संकेत किया जाता है और कभी-कभी विरहणी की तरह विरह वेदना को दर्शाया जाता है। एक उदाहरण इस प्रकार है:-

चौत मअं, री मां मेरी, लामणी हों, 136
वैसाखी केसू री बैरी रंग मर्या जी
जैठ मअं, री मां मेरी, कड़केंगी लू
साढ़ मअं बरसै, री मां मेरी, राम जी री।

पंजाब की लोक परम्परा में भी बारहमासी को विशेष स्थान प्राप्त है यहां इसको 'बारहमाहा' कहा जाता है। इनमें भी ऋतुओं से संबंधित भाव गर्भित काव्य रचनाएं उपलब्ध होती हैं। यहां बारहमाहे को लोक संगीत के साथ-साथ धार्मिक क्षेत्र में भी महत्व प्राप्त है और गुरुओं की वाणी में भी उनके द्वारा रचित 'बारहमाहा' के ऊपर राग नाम भी अंकित किये गये हैं। गुरु नानक देव जी द्वारा रचित 'बारहमाहा' का संकेत जो गुरु ग्रंथ साहिब को उपलब्ध होता है उससे सहज ही अनुमान लगाया जा सकता है कि यहां 'बारहमाहा' का चलन पुरातन काल से रहा है।

इन लोक छंदों के अतिरिक्त लहरा, चहका, विलवईया आदि अन्य अनेक छंद हैं जो लय के विविध प्रयोगों को आत्मसात करते हुए भारतवर्ष के अनेक प्रदेशों के लोक गीतों में विद्यमान हैं। इन लोक छंदों के

अवलोकन से यह स्पष्ट हो जाता है कि लय के विभिन्न प्रयोग भिन्न-भिन्न प्रसंगों से युक्त लोक गीतों की धीरता, गंभीरता, चंचलता, उत्साहवर्धता आदि में उनमें निहित भावों के अनुसार अवसर के अनुकूल बना देते हैं। इन छंदों में निहित लय प्रयोगों को यद्यपि लिखित रूप में स्पष्ट करना संभव नहीं है तथापि उनमें निहित प्रसंगों, अक्षरों के रख रखाव, एक पंक्ति की दीर्घता आदि से उनकी निहित लयात्मकता का अनुमान निःसंदेह लगाया जा सकता है।

अतः यह स्पष्ट है कि लय, ताल और लोक रुचि का घनिष्ट संपर्क है। लयात्मकता या ताल स्वरूपों से अथवा शब्दों की गेयात्मकता के साथ-साथ गतिमानता शब्दों में निहित गूढ़ अर्थ को रस रूप में परिणत करने में एक सशक्त माध्यम के रूप में करती है। संभवतः गेयात्मकता और गतिमानता के फलस्वरूप ही लोक संगीत का भी क्रमिक विकास होता रहा और मानव की कला के साथ-साथ उसके रसिक मन की सरुचि, संस्कृति और अन्य गुणों के समन्वय, से लोक संगीत में भी अनेकानेक प्रयोग होते रहे और लोक संगीत में लय और ताल का अपना ही एक विशिष्ट स्थान विद्यमान रहा। सारांश स्वरूप लय और ताल लोक संगीत का अविभाज्य अंग है।

संदर्भ ग्रंथ सूची

1. संगीत (लोक संगीत अंक), लोक गीतों का संगीत पक्ष, महेशनारायण सक्सैना, 1966
2. आध्यात्मिकता और हरियाणवी संस्कृति बोध, डॉ रामकुमार भारद्वाज, 1981
3. पंजाब की संगीत परम्परा, गीता पैंतल, 1988
4. लोक गीतों का विकासात्मक अध्ययन, डॉ. कुलदीप, 1972
5. हरियाणा (सांस्कृतिक दिग्दर्शन) एस.वाई. कुरेशी, 1978
6. हरियाणा का लोक मंच: राजा राम शास्त्री, लोक सम्पर्क हरियाणा द्वारा प्रकाशित।
7. हरियाणा के लोक गीत: भीम सिंह मलिक, 1981
8. पंजाब दीयां लोक धुनां, गुरु प्रताप सिंह गिल
9. सप्त सिन्धु, हरियाणा साहित्य विशेषांक, अक्टू.-नव. 1968

अध्याय - 12

लोक संगीत व शास्त्रीय संगीत का विवेचन

लोक संगीत चाहे शास्त्रीय संगीत का प्रेरणा स्रोत रहा हो और दोनों में आधारभूत संगीतात्मक तत्वों की समानता भी रही हो परन्तु फिर भी दोनों के संरचनात्मक तत्वों में एवं भावात्मक अभिव्यक्ति के स्वरूप में निश्चित रूप से अंतर है। लोक संगीत में धर्म के प्रति निष्ठा तथा दैनिक जीवन का अनुभव महत्वपूर्ण है जबकि शास्त्रीय संगीत में सात्विक विचारशीतला तथा विकसित शास्त्रीय तत्वों की नियमबद्धता का अधिक महत्व होता है। लोक संगीत में गेय रचना के केवल मूल रूप को ही ध्यान में रखते हुए लोक कलाकार स्वतंत्र रूप से उसे सुसज्जित करते हैं और अधिक से अधिक तथा आनन्ददायक बनाने का प्रयत्न करते हुए उसे तत्कालीन परिस्थियों के अनुरुप आकर्षण प्रदान कर देते हैं जबकि शास्त्रीय संगीत की गेय रचना में स्वरात्मकता, लयात्मकता, भावात्मकता, सौन्दर्यात्मकता और कलात्मकता आदि सभी तत्वों का सन्तुलन बनाये रखने के लिए शास्त्रीय नियमों का पालन करना आवश्यक माना गया है। शास्त्रीय संगीत का आकर्षण और आस्वादन भी मर्यादाबद्ध है जो अपनी पूर्णता में मानव के सूक्ष्म हृदय को आकर्षित कर लेने की क्षमता रखता है। यही कारण है कि लोक गीत सरल हृदय से निर्मित स्वाभाविक गीत है जिनमें देहातों का प्राकृतिक चित्रण एवं कृषि संबंधी कार्यों तथा मानव के संपूर्ण जीवन में जन्म से लेकर मृत्यु तक होने वाले सभी संस्कारों आदि का चित्रण समाविष्ट रहता है जबकि शास्त्रीय संगीत की अनेकानेक रचनाएं नियमों के अनुशीलन से युक्त तथा कलाकार के चिन्तन मनन के फलस्वरूप निर्मित सामग्री होती हैं जिसमें

अनेकानेक गेय विद्याएं, वादन शैलियां, नृत्य प्रकार आदि की अनेक शाखाएं और उपशाखाएं भी अपने-अपने मर्यादित रूप में नियमों से आबद्ध रहती हैं।

लोक संगीत मौलिक रूप से जनसाधारण का अपना संगीत होता है जिसमें किसी प्रकार के आडम्बर, सैद्धान्तिक सीमाएं, निषेध आदि अंकुश नहीं होते। इसीलिए लोक संगीत स्वच्छन्द संगीत है जो प्रत्येक मानव को संस्कार वश अपनी ओर आकर्षित कर लेता है।

कला का लोक पक्ष लोकनिष्ठ है, व्यक्तिनिष्ठ नहीं क्योंकि लोक संगीत में साधना का महत्व न होकर तत्कालीन मन: स्थिति और रंजक्ता के गुण का महत्व अधिक है इसीलिए संस्कृति से सम्बद्ध किसी भी अवसर के अनुसार संगीत को विशिष्ट प्रदेश के व्यक्ति अनायास की झूम-झूम कर गाने या नाचने लगते हैं। लोक संगीत के लिए कोई नियम और उपनियम अथवा शास्त्र नहीं है। लोक संगीत उपकरण नहीं माध्यम है जिसके द्वारा व्यक्ति नाचकर, गाकर, अपनी भावनाएं व्यक्त करता है। लोक कलाकार लोक संगीत के माध्यम से भावाभिव्यक्ति तथा रसानुभूति की ओर अग्रसर होता है।

शास्त्रीय संगीत मूलत: लोक संगीत से प्रेरित होता रहा है परन्तु संरचनात्मक दृष्टि से इन दोनों में प्रर्याप्त भेद हैं। एक में ज्ञान, बुद्धि संस्कार का प्रयोग दिखता है तो दूसरे में केवल नाद द्वारा भाव विशेष की अभिव्यक्ति ही महत्वपूर्ण होती है। लोक संगीत में समाज प्रधान है। लोक संगीत लोक के लिए वशीकरण मंत्र है। धरती का गंध से परिपूरित यह लोक गीत ग्रामांचलों से दूर बसे नागरिकों को भी आकृष्ट कर लेते हैं। इसी कारण नगर हो या गांव सामाजिक उत्सवों पर सभी जगह लोक गीतों का प्रयोग प्रतिबंधित होता है।

संगीत शास्त्र का अपना शास्त्रीय तथा लोक पक्ष है। इसमें शास्त्रीय पक्ष की अथाह गहराई, टीकात्मक, गंभीर मंथन, सिद्धांत, नियमोपनियम एवं परम्परा हैं। विशेष माध्यम एवं उपकरण द्वारा शास्त्रीय संगीत का सृजन होता है उसके लोक पक्ष में कोई विशिष्ट सिद्धान्त, शास्त्र, नियम, उपनियम

न होकर केवल सामाजिक विश्वास, रुढ़ियां, उत्सव–त्यौहार तथा परम्परागत मूल्य हैं। लोक संगीत में अपने माध्यम व उपकरण द्वारा सहज रूप में भावाभिव्यक्ति करने की क्षमता होती है। यह कहना अनुचित नहीं होगा कि शास्त्रीय संगीत व्यक्ति प्रधानता पर आधारित होकर अपने स्वतंत्र सिद्धांत नियम–उपनियम एवं परम्परा द्वारा विकासोन्मुख होता रहा है। वहीं लोक संगीत शास्त्र होते हुए भी अपनी विशिष्ट सामाजिक रूढ़ियां एवं परम्पराओं के द्वारा सहज रूप में ही भावाभिव्यक्ति तथा रसानुभूति की ओर अग्रसर होता रहता है।

लोक संगीत का हमारे समाज और संस्कारों के साथ गहरा सम्बन्ध है। लोक संगीत के सुलभ, सरल होने से प्रत्येक व्यक्ति उन्हें समझ लेता है तथा उन्हें गा बजा सकता है पर शास्त्रीय संगीत सीख कर, अभ्यास से ही गाया जा सकता है अतः यह एक श्रेणी के लोगों तक ही सीमित रह जाता है और इसकी समझ जन–साधारण से परे की बात रह जाती है। लोक संगीत में काव्य का महत्व है जबकि शास्त्रीय संगीत में स्वर व ताल का। शास्त्रीय संगीत में पद केवल मात्र विशिष्ट भावों के सांकेतिक स्पष्टीकरण के उद्देश्य से रस की उत्पत्ति करने में सोपान कार्य करता है।

शास्त्रीय संगीत में नियमों का अनुशासन रहता है तो लोक संगीत में लोक रुचि का। शास्त्रीय पक्ष में कलाकार को ध्वनि सिद्धांत पर आधारित विभिन्न सिद्धांतों, नियमों व उपनियमों पर चलना होता है। इस प्रकार के संगीत में कलाकार को अपने इर्द–गिर्द के कहानी किस्सों व गाथाओं से दूर रहना पड़ता है और अपनी प्रस्तुतियों को स्वर रचना, भाव, लय, ताल सभी में शास्त्रीय नियमों में बंधकर स्वर विन्यास करना पड़ता है। लोक संगीत में हर प्रस्तुति किसी न किसी उत्सव, खुशी, फसलों की कटाई, बिजाई, वर्षा आदि से जुड़ी होती है। इस प्रकार दो बातें स्पष्ट होती हैं कि संगीत के दोनों पक्ष शास्त्रीय पक्ष तथा लोक पक्ष दोनों का स्वतंत्र अस्तित्व है। संगीत का क्रमिक विकास दोनों पक्षों में सामानान्तर चलता है। लोक संगीत में शब्दावली का बहुत सुन्दर व सरल प्रयोग होता है। जबकि शास्त्रीय संगीत में स्वर–ताल का प्रयोग होता है। लोक संगीत में जन मानस की अनुभूतियों का एक सहज स्वरूप होता है जिसमें उसके दैनिक जन–जीवन

की झलकियां निहित रहती हैं। इसके विवरीत शास्त्र पक्ष को लें तो हमें यह संगीत शास्त्रियों की एक बौद्धिक उपलब्धियों के रूप में ही दिखता है। शास्त्रीय संगीत में अनुशासन नियमों का है, लोक संगीत में अनुशासन, लोक रूचि का है। शास्त्रीय संगीत की तुलना यदि गंगा नदी के धीर गम्भीर एवं प्रशान्त प्रवाह से की जाये, तो लोक संगीत की तुलना पहाड़ी प्रदेशों में उन्मुक्त रूप से बहते हुए और कलकल करते हुए छोटे-छोटे झरनों से की जा सकती है।

वैसे तो किसी ललित कला के प्रत्येक रूप में सौन्दर्य और आकर्षण रहता है, किन्तु उसके शास्त्रीय रूप का निर्माण और विकास मुख्यत: हृदय और बुद्धि के समन्वयात्मक प्रयत्नों से होता है और इसलिए उसका सरल सौन्दर्य प्राय: कुछ दब जाता है। लोक संगीत और शास्त्रीय संगीत में यही प्रमुख भेद है। लोक संगीत किसी प्रकार के शास्त्रीय नियम के चौखटे में आबद्ध नहीं है, जैसा शास्त्रीय संगीत है। किसी राग के प्रस्तुतीकरण हेतु उसमें लगने वाले वादी, संवादी, अनुवादी और विवादी स्वर, लय, ताल तथा समय संबंधी शास्त्रीय नियमों का पालन अनिवार्य रहता है। यद्यपि ग्रह अंश (अमुक स्वर से आलाप आरम्भ करके अमुक स्वर पर समाप्त करना) जैसे जटिल नियम तो आज शिथिल हो चुके हैं, तथापि अन्य सामान्य नियमों की अवहेलना गायक की कुशलता में बाधक बन जाती है लोक संगीत के लिए उक्त नियमों की अनिवार्यता वांछनीय नहीं है। प्रयोग में आते-आते कोई धुन जब इतनी रंजक, सुगेय तथा स्थायी बन जाती है कि जन-सामान्य उसे सरलतापूर्वक अपने मानसिक आहार के रूप में अंगीकार कर सके, तब वह लोक संगीत का रूप ले लेती है। शास्त्रीय संगीत में स्वर, ताल और लय की साधना के लिए कठिन परिश्रम अपेक्षित है, किन्तु लोक संगीत में स्वर, ताल और लय को खोजना नहीं पड़ता अपितु वे स्वत: भाव सज्जा के साथ उपस्थित हो जाते हैं उदाहरण स्वरूप रागों में व तालों में आबद्ध आरतियों को मन्दिरों में एकत्रित जनसमूह अनायास ही गा उठता है। होली या फाग के अवसर पर रूपक ताल में आबद्ध गीत को अचानक कहरवा ताल में परिवर्तित कर पुन: रूपक ताल में समाविष्ट हो जाने में लोक गायकों को कोई कठिनाई नहीं होती जबकि शास्त्रीय संगीत में इस प्रकार के स्वर व

लय प्रयोगों के लिए अथक साधना अपेक्षित होती है। यदि विचार किया जाए तो हम पाते हैं कि लोक संगीत में सम्मिलित हर व्यक्ति इसी प्रकार स्वर और ताल के भिन्न प्रयोगों को कर पाने में सफल नहीं होता, हां लोक कलाकार के रूप में प्रसिद्ध गायक अपने अभ्यास के कारण इन प्रयोगों में निपुण होता है जबकि शास्त्रीय संगीत का साधक अपनी साधना से स्वर व ताल के अनेक प्रयोगों पर अधिकार प्राप्त कर उन्हें स्थायित्व प्रदान करता है और रागाभिव्यक्ति में उचित स्थान पर इनका प्रयोग करके राग की रसोत्पादकता में वृद्धि करता है।

लोक संगीत तथा शास्त्रीय संगीत की प्राचीनता का बोध वैदिक काल में वर्णित मार्गी एवं देशी संगीत से होता है। यहां देशी संगीत का तात्पर्य लोक रंजन के लिए प्रयुक्त शास्त्रीय संगीत से ही अभिप्रेत होता है क्योंकि राग संगीत के पूर्व जाति गायन और ध्रुवा गान आदि की चर्चा भरत के नाट्य-शास्त्र तथा परवर्ती ग्रन्थों में की गई है। जाति गायन के जो लक्षण थे वही राग के भी माने गये। जातियों के लिए भी रंजकता आवश्यक थी और राग के लिए भी। जातियां वह धुनें थी जिनका उद्‌गम लोग संगीत में था। आवश्यक संस्कार और परिष्कार के कारण इनको शास्त्रीय संगीत में स्थान प्राप्त था। वैदिक युग में प्रचलित लोक प्रिय धुनें ही इनका आधार थीं।

इस कथन से यह स्पष्ट हो जाता है कि शास्त्रीय संगीत, संगीत से प्रेरणा पाता रहा है और जाति गायन इस तरह से लोक संगीत से प्रेरित तत्कालीन शास्त्रीय संगीत था जिसकी गणना देशी संगीत में की गयी। भरत के काल में सात ग्राम रागों का भी उल्लेख किया गया है। जैसे मध्यम ग्राम, षडज, साघारित, पंचम, कैशिक, षाडव और कैशिक मध्यम। इन रागों को अनादि काल से प्रचलित माना गया और इनकी गणना मार्ग संगीत में की गई। संगीत रत्नाकर के राग प्रकारण में शाड़्र्गदेव ने ग्राम राग और देशी राग के अन्तर्ग रागों का वर्गन किया है। इसमें भी ग्राम राग संज्ञा मार्ग रागों के लिए ही थी।

अर्थात देशी में यथेच्चाचार या काम चार रहता है परन्तु मार्ग रागों के लिए जो नियम बताए गए हैं देशी रागों में उन नियमों की कभी-कभी भंग

भी हो सकता है। शाङ्र्गदेव से पूर्व मतंग मुनि ने भी ग्राम रागों से भिन्न भाषा, वेशभूषा आदि रागों का विवरण दिया है और ग्राम रागों (मार्ग) से भाषा रागों (देशी) की उत्पत्ति मानी है। इस प्रकार यह सिद्ध होता है कि मार्ग और देशी दोनों ही संगीत की नियमबद्ध एवं अनुशासनबद्ध प्रणालियां थी, परन्तु प्रथम में नियमों का पालन था तो दूसरे में लोक रुचि का। परन्तु दोनों ही अपने-अपने रूप में जन-मानस को सन्तुष्ट करती रहीं। अन्तर केवल इतना है कि संगीत जब संस्कार एवं परिष्कार से युक्त होता है तब वह समाज के प्रतिष्ठित एवं शास्ववेदता वर्ग के अधिकार क्षेत्र में आ जाता है और मार्ग क्षेत्र की क्षेणी में आ जाता हैं जबकि देशी संगीत लोक रुचि को ध्यान में रखते हुए नवीन सौन्दर्य तत्वों को अन्तरचिन्हित करता आता है। इसलिए शास्त्रीय संगीत की राग-रागिण्यिां वादन शौलियों और नृत्य प्रकार आदि शास्त्रीय नियमों में आबद्ध होते हुए भी लोक रुचि के अनुकूल कुछ-कुछ लोक संगीत के तत्वों को भी अपने में इस प्रकार समा लेता है जिससे शास्त्रीय संगीत की मर्यादित सीमा को हानि ना पहुंचे। आधुनिक समय में अनेक राग ऐसे हैं जो विशिष्ट स्थान या प्रदेश की लोक धुनों से प्रेरित प्रतीत होते हैं। जैसे अहीर भैरव का सम्बंध विद्वानों ने आमीर प्रदेश से, कलींगड़ा का संबंध कलिंग प्रदेश से, सौरठ का सौराष्ट्र से, पहाड़ी का संबंध भारत के पहाड़ी क्षेत्रों से तथा मांड राग का संबंध राजस्थान से माना है। इस कथन से यह भी संभव है कि केवल राग नाम के आधार पर उस राग का संबंध उस विशेष प्रदेश के साथ मान लिया है। लेकिन ये स्वाभाविक है कि शास्त्रीय संगीत और लोक संगीत दोनों ही व्यक्ति के हृदय को प्रभावित करने की क्षमता रखने के कारण सदा ही एक-दूसरे के तत्वों से प्रभावित रहे हैं। शास्त्रीय संगीत तकनीक एवं व्याकरण को महत्व देता है परन्तु लोक संगीत तकनीक एवं व्याकरण को आत्मसात करते हुए भी उससे अनभिन्न रहता है।

शास्त्रीय संगीत के उपादान स्वर, लय, ताल, राग तथा सांगीतिक अलंकरण हैं जिनका कुशल प्रयोग एक साधक कलाकार के द्वारा किए जाने पर ही इनकी सार्थकता सिद्ध होती है। शास्त्रीय संगीत की परिभाषा के अन्तर्गत यह निश्चित है कि कलात्मक प्रयोगों सहित संगीत का

अनुशासनबद्ध शास्त्रोक्त स्वरूप ही शास्त्रीय संगीत है। कर्णप्रिय एवं मधुर नादों से स्वर तथा स्वरों के विभिन्न प्रकार के संयोजन से ग्राम, मूर्छना जाति आदि एवं स्वर सम्वादों के परस्पर सुन्दर सम्बद्ध से रंजक राग आदि की निर्मित होती है। एक विशिष्ट स्वरावली अपनी प्रमुखता से किसी एक राग को और उस स्वरावली से संबंध रखने वाली अन्य स्वरावलियों के कम अधिक प्रयोग से अनेक अन्य राग रागनियों आदि का विकास होता है। राग की संरचना, बंदिश, आलाप, तान आदि को विशिष्ट आकार प्रदान करने में स्वर का महत्पवूर्ण स्थान है। स्वर की भांति ही ताल को भी प्राचीन शास्त्रकारों ने समान महत्व दिया है। गांधर्व संगीत के संदर्भ में भी भरत ने गान्धर्व त्रिविधं विद्यात्स्वर ताल पदात्मक्म कह कर स्वर ताल और पद को समान महत्व दिया है। ताल का स्वरूप स्पंधन है और सशब्द है और सशब्द तथा निशब्द क्रियाओं से काल का मापन करके निर्मित मात्रा की एक विशिष्ट संख्या को एक सूत्र में आबद्ध कर देने से ताल का अर्विभाव हो जाता है। लघु गुरु और प्लुत नामों के अन्तर्गत आधी एक या दो मात्राओं के मात्रा काल को नामान्कित कर दिया गया। इन मात्रा कालों को भिन्न-भिन्न रूप से प्रयुक्त करने से अनेकानेक तालों का निर्माण हो गया।

'राग' शास्त्रीय संगीत के संरचनात्मक स्वरूप की दृष्टि से उसका आधार है। शास्त्रों में मार्ग राग तथा देशी रागों की चर्चा आती है। तत्पश्चात् मार्ग रागों में तीन भेद ग्राम राम, शुद्ध राग और उप राग तथा इन तीनों के पुनः विभाजनों का उल्लेख मिलता है। देशी रागों के उपभेदों रामांग, भाषांग, क्रियांग एवं उपांग आदि रागों का उल्लेख मिलता है। राग वर्गीकरण की दृष्टि से शुद्ध राग, छायालग तथा संकीर्ण रागों के अन्तर्गत भी रागों को विभाजित किया गया है। रागों के वर्गीकरण करने की दृष्टि से राग-रागणि पद्यति, थाट पद्यति एवं समय सिद्धान्त आदि सभी शास्त्रीय संगीत में राग के विशाल क्षेत्र का आभास कराते हैं। राग में स्वर और ताल की व्यवस्था के लिए अनेकानेक नियम सिद्धान्त तथा लक्षणों आदि का विवेचन भी शास्त्रकारों ने अत्यन्त विस्तृत रूप में किया है तथा स्वर सौन्दर्य और ताल सौन्दर्य की दृष्टि से अनेकानेक संगीत अलंकरण जैसे कण, खटका, मींड, मुरकी, कृंतन, जमजमा, घसीट आदि की व्याख्या भी शास्त्रकारों ने की है।

लोक संगीत के प्रमुख उपादान स्वर, लय एवं ताल तथा भाषा है। लोक संगीत शब्द प्रधान होने के कारण वास्तविक जीवन के लोकाचार, संस्कार एवं परम्परागत विचारों के वैविध्य को अपनाते हुए आगे बढ़ता है। मानव भावनाओं की कोमल, सहज एवं रसात्मक अभिव्यक्ति को लोक संगीत ही सौन्दर्यात्मक स्वरूप प्रदान करता है। 'महादेवी वर्मा के अनुसार' सुख, दुःख की भावावैणमयी अवस्था का गिने चुने शब्दों में स्वर साधना के साथ उपयुक्त चित्रण कर देना ही गीत है।

इस प्रकार हर्ष और वेदना का स्वरूप जब सांगीतिक स्वरों का आधार लेकर कंठ के द्वारा साकार हो उठते हैं तो लोक गीत बन जाते हैं। इसी प्रकार वादन या आंगिक चेष्टाओं का आश्रय पाकर वादन की अनेक लोक विधाओं एवं नृत्य प्रकारों के रूप में आकार ग्रहण कर लेते हैं। लोक संगीत में प्रयुक्त स्वर को केवल संगीतात्मक ध्वनि के रूप में ही जाना जा सकता है। यद्यपि यह स्वर शास्त्रीय संगीत में प्रयुक्त स्वर की भांति ही आध्यात्मिक एवं भावात्मक व्यवस्था से परिपूरित हैं परन्तु ग्रन्थकार के अभाव में इस संगीतात्मक स्वर की विवेचना करना ही उसे लोक संगीत से दूर ले जाना है। लोक संगीत के स्वर की आधारभूत पृष्ठभूमि तो केवल प्रकृति की ध्वन्यात्मकता है। लोक संगीत अपने धुनों की प्रेरणा, पशु-पक्षियों की वाणी, नदी और झरनों की कलकल ध्वनि, वृक्षों की संसनाहट, बादलों का गर्जन आदि से पाता है। यही कारण है कि भिन्न-भिन्न प्रदेशों एवं स्थानों की लोक धुनों में विशिष्ट प्रदेश के भूगौलिक स्थिति, परिवेश और वातावरण का आभास निहित रहता है। उदाहरणस्वरूप पहाड़ी क्षेत्रों की लोक धुनों में पहाड़ों में प्रतिध्वनित होने वाली गुंजायमान पुकार की आधिकता प्रतीत होती हैं जबकि नदियों से घिरे हुए क्षेत्र की लोक धुनों में नदी की यात्रा से संबंद्ध माझी गीत आदि प्रमुख होता है जिनका स्वरात्मक सौन्दर्य भी नदी की धाराओं के समान धीर गंभीर होता है। इस प्रकार विशिष्ट लोक धुनों में विशिष्ट स्वर सान्निवेश परिलक्षित होते हैं। लोक संगीत के स्वर प्रयोग में चमत्कार प्रदर्शन न होकर केवल भावात्मकता ही होती है। इसलिए अधिकांश लोक गीतों में 3, 4 या 5 स्वर ही प्रयोग किये जाते हैं। लोक धुनों में भी अधिकांशतः समय के अनुरूप ही प्रयोग होते

हैं। उदाहरण स्वरूप प्रातः काल में भक्ति संबंधित धुनों में कोमल स्वरों का प्रयोग मध्या या सायंकाल में शुद्ध स्वरों की अधिकता हो जाती है। परन्तु यह प्रयोग स्वाभाविक है। इसी प्रकार लय एवं ताल का प्रयोग भी प्रसंग के अनुसार एवं विशिष्ट समय में विशिष्ट प्रसंग की अनुरूपता के अनुसार किया जाता हैं लोक गीतों के विश्लेषण से ऐसा आभास होता है कि उनमें कहीं-कहीं शास्त्रीय रागों की स्वरावलियों का प्रयोग हुआ है लेकिन यह प्रयोग कृत्रिमता या शास्त्रीयता, कलात्मकता से विहीन होते हैं। क्योंकि लोक धुनों या लोक गीतों में किसी राग को विशेष रूप से स्थान देने के लिए यह प्रयोग नहीं किया जाता बल्कि सरल, सहज और मनोहारक अमिष्ट स्वर, प्रयोग की दृष्टि से ही उन स्वरावलियों का प्रयोग कर लिया जाता है।

लोक गीतों का एक महत्वपूर्ण अंग उसकी भाषा है। विशिष्ट परिस्थिति विशेष स्थान, विशेष कर्म और विशेष संस्कारों से प्राप्त अनुभूतियों की काव्यात्मक भाषा के माध्यम से की गयी अभिव्यक्ति ही स्वर और लय के साथ आबद्ध होने पर लोक गीत का स्वरूप ग्रहण कर लेती है। लोक गीतों की भाषा शैली, अशिक्षित और समाज के सामान्य वर्ग द्वारा निर्मित होती है और वही उसका आस्वादन लेते हैं। इसीलिए यह भाषा सरल, सुमधुर और आडम्बरहीन होती है। लोक गीतों की रचना में लोक रचनाकार के हृदय से शब्द और स्वर एक साथ निकलते हैं इसी कारण इनकी स्वर रचना और शब्द रचना में विशेष कलात्मकता या कृत्रिमता दिखाई नहीं देती बल्कि दोनों में एक प्रकार का सामन्जस्य दिखाई पड़ता है। लोक गीतों में जहां एक ओर व्यावहारिक जीवन की चर्चा होती है वहां दूसरी ओर व्यवहारिक आवश्यकताओं की पूर्ति भी होती हैं यही कारण है कि काम करते हुए या बोझा ढोते हुए, फसलें काटते हुए या चक्की चलाते हुए ग्रामवासी श्रम का आभास न होने देने के लिए लोक गीतों का आधार ले लेते हैं। इसके अतिरिक्त लोक गीतों के माध्यम से समाज के सांस्कृतिक पक्ष को सुदृढ़ बनाने के साथ-साथ समाज को सुव्यवस्थित करने में अत्याचार का विरोध करने में तथा मानव धर्म आदि को निभाने के लिए

संदेशात्मक अभिव्यक्ति भी की जाती है। इस प्रकार लोक संगीत में भाषा का अपना ही एक महत्व है।

'लय' लोक संगीत का अविभाज्य अंग है। छंद या पद को एक विशिष्ट लय में आबद्ध करने से इसकी भावात्मकता में भी अन्तर आ जाता है। देखा जाये तो लोक संगीत की लयात्मकता ही शास्त्रीय संगीत की तालों का आधार है और लोक संगीत में लय-विभाजनों के गुणान्तर विभाजन से ही शास्त्रीय संगीत की तालों के बड़े-बड़े ठेके निर्मित हुए हैं। लोक नृत्यों में भी लय पर अधिक बल दिया जाता है। अत: यह कहा जा सकता है कि गान्धर्व के सन्दर्भ में भरत द्वारा दी गयी परिभाषा 'स्वरतालपदात्मकम्' लोक संगीत में भी पूर्णत: चरितार्थ होती है।

शास्त्रीय संगीत और लोक संगीत पर दृष्टिपात करने से यह सिद्ध हो जाता है कि दोनों के मूलभूत तत्व लगभग एक समान हैं। केवल उनके निर्माण के रचनात्मक तत्व तथा सौन्दर्य प्रणाली में सैद्धान्तिक अन्तर है। लोक पक्ष का अपना कोई शास्त्र, नियम या उपनियम नहीं है अथवा रंजन एवं रसानुभूति कराने की क्षमता अवश्य है। जबकि शास्त्रीय पक्ष में स्वर ताल और लय की जटिलता का समन्वय करके रंजकता का सृजन करना पड़ता है लोक संगीत श्रवण मात्र से ही सहज साध्य होता है। परन्तु शास्त्रीय संगीत अथक संगीत साधना का आगृहि होता है। लोक संगीत में लोक रुचि का परन्तु शास्त्रीय संगीत में सैद्धान्तिक नियमों का अनुशासन प्रमुख होता है।

लोक संगीत यदि दैनिक जन-जीवन में झांकियों से ओत-प्रोत रहता है तो शास्त्रीय संगीत स्वर और लय के अविराम चिन्तन से प्राप्त उपलब्धियों का परिणाम होता है। लोक गीतों में सुख-दु:ख, संयोग-वियोग तथा सामान्य जन जीवन से सम्बद्ध भावों का सजीव चित्रण होता है। परन्तु शास्त्रीय संगीत के माध्यम से स्थूल भावों में निहित सूक्षम भाग को रसात्मकता प्रदान कर उसे आध्यात्मिक धरातल प्रदान कर दिया जाता है।

उपरोक्त विवेचन से स्पष्ट हो जाता है कि संगीत का लोक पक्ष तथा शास्त्रीय पक्ष दोनों अपना अलग-अलग अस्तित्व रखते हुए भी एक-दूसरे

के पूरक हैं। दोनों में एक अदृश्य समानता व सामंजस्य है। मनुष्य की कठिनता से सरलता की ओर जाने की प्रवृति आदि काल से ही है। इसी के अनुरुप सहज, मौलिक, मार्मिक तथा सौन्दर्यपूर्ण अनुभूतियों को संजोकर मनुष्य ने अनेकानेक लोक गीतों, धुनों को प्रचलित किया है। परन्तु मनीषियों के बौद्धिक व्यायाम तथा अन्वेषणा को नकारा नहीं जा सकता जिसके फलस्वरूप विश्वव्यापी शास्त्रीय संगीत के सिद्धांतों की स्थापना हुई है।

सन्दर्भ ग्रंथ सूची

1. डॉ. शरचन्द्र श्रीधर परांजपे, संगीत बोध, मध्य प्रदेश हिन्दी ग्रन्थ अकादमी, भोपाल, 1980
2. राजुरकर, गोविन्द राव, संगीत शास्त्र पराग, राजस्थान हिन्दी ग्रंथ अकादमी, जयपुर 1982
3. लोक गीतों का संगीत पक्ष, महेश नारायण सक्सेना, लोक संगीत अंक, जनवरी 1966
4. लोक और भारतीय संगीत, सुमित्रा आनन्द पाल सिंह, संगीत, जनवरी 1966
5. कुलदीप, लोक गीतों का विकासात्मक अध्ययन, दिल्ली, प्रगति प्रकाशन, 1972
6. हरियाणवी, नादान, हरियाणा लोक संगीत संग्रह, दिल्ली, देहाती पुस्तक भण्डार, 1962

अध्याय - 13

भारत में आधुनिक कला का उत्थान

आजकल कला के क्षेत्र में बहुत उत्साह जनक माहौल है। खास कर पिछले कुछ दशक से भारत में कला का उत्थान इस तरह हो रहा है, जैसा कि महान मुगल साम्राज्य के दौरान सोलहवीं सदी में भी नहीं हुआ। अब कई शहरों में कला दीर्घाओं के आस-पास नये कलाकारों की खुलकर बढ़ोतरी हो रही है। इससे भी रोचक बात यह है कि भारतीय जन मानस आधुनिक कला की अहमियत और कीमत समझने लगा और खरीदने लगा है। कलकत्ता जो बंगाल का प्रमुख शहर है और ब्रिटिश साम्राज्य का मुख्यालय रहा, इस उभार व विकास का केन्द्र बना। उन्नीसवीं शताब्दी के आखिरी चौथाई में इस बंदरगाह वाले शहर में जहां से दुनिया भर का व्यापार होता रहा विशेष उन्नति देखी। इस विकास और उन्नति के दौर में अकेले टैगोर परिवार की भूमिका प्रमुख रही जो कि शाही रहन-सहन और अनेक कलाओं में निपुण था। इस परिवार के लोगों ने कविताएं लिखी, नाटक लिखे, गायक हुए और चित्रकारी की। इस परिवार में विश्व विख्यात कवि रविन्द्रनाथ टैगोर हुए जिन्हें 1913 में नोबल पुरस्कार से सम्मानित किया गया। 1917 में उन्होंने महान विश्वविद्यालय "विश्व भारती विश्वविद्यालय" की स्थापना की। उनके भतीजे गजेन्द्रनाथ और अविनेंद्र नाथ, दोनों भाई सर्वप्रथम आधुनिक भारतीय चित्रकारी करते थे फिर भी इन दोनों को और खास कर अविनेन्द्रनाथ को नया बंगाल या बंगला विद्या के नेतृत्व का श्रेय मिला। उन्हें इस कला को पुनर्जीवित करने का भी श्रेय

मिला। कई दशकों से फलती-फूलती कला विद्या "कालीघाट की चटक चित्रकारी" कलकत्ता में प्रचलित थी। उसी समय अविनेन्द्रनाथ टैगोर और हावेल की बंगला विद्या अपनी जगह बना रही थी। कलकत्ते के प्रसिद्ध काली मंदिर के दर्शन को आने वाले यात्रियों के लिये कुछ गुमनाम चित्रकारों ने ये चित्रकारी की ताकि यात्री उन्हें स्मृति चिन्ह के रूप में खरीद सकें। यही चित्र आज उन्नीसवीं सदी के अत्यधिक प्रमाणिक और मौलिक चित्रकारी के रूप में जाने जाते हैं। पर 1930 के बाद कालीघाट के चित्र करीब-करीब गायब होने लगे। क्योंकि अब इस तरह के स्मृति चिन्हों की हजारों की एक ही चित्रकारी जेमिनी राय ने बंगाल चित्रयों की दशा पर ध्यान दिया, और उनसे प्रेरित होकर, अनेक विपदाओं को झेलते हुए इसे आगे बढ़ाया, अपने समय का इतिहास रचा।

अविनेन्द्रनाथ के सर्वाधिक लोकप्रिय विद्यार्थी जेमिनी राय (1897-1972) थे। वे एक ग्रामीण परिवार के थे और उनका शुरुआती जीवन विपदाओं और विफलता से भरा था। उनके द्वारा निर्मित पोट्रेट और प्राकृतिक दृश्यों का तैल चित्र भले ही अच्छी तरह चित्रित था पर राय की विक्षुब्ध भावना को संतुष्ट नहीं कर पा रहा था।

अपने गुरु अविनेन्द्रनाथ और उनके भाई गजेन्द्रनाथ, जिनकी कृतियां पूर्व और पश्चिम में दूर तक गई, से अलग राय को अपनी असंतुष्टि का हल अपने घर के नजदीक गावों में और कालीघाट चित्रों में मिला। राय ने धीरे से उनकी (अविनेन्द्रनाथ और गजेन्द्रनाथ) सादगी, सीधा संगीत और सरल कविता को अपने काम में पिरोया। उन्होंने बने बनाये चित्रपट को छोड़कर कपड़े को, लकड़ी को, या चूने से पुते हुए चटाई को चित्र का आधार बनाया। मिट्टी और साग सब्जी के रंगों से उनकी अपनी विद्या उभरी, फिर भी वे बंगाल के गांवों का और कालीघाट चित्रों का ऋण कभी नहीं भूले।

टैगोर और शेर-गिल

रविन्द्रनाथ जी ने अपने विश्वविद्यालय में "कला भवन" नामक एक कला विभाग खोला। उन्होंने चित्रकार श्री नन्दलाल बोस (1882-1966)

को इसके संचालन के लिये आमंत्रित किया। इस विभाग को स्वतंत्रता पूर्वक चलाने की छूट देते हुए उन्होंने कुछ मार्गदर्शन दिये, जो कि श्री बोस के मन माफिक ही था, कि शिक्षा व्यापक होनी चाहिए, परंपरा हालांकि बहुत महत्वपूर्ण है फिर भी इसे कलाकार के व्यक्तिगत विकास में बाधक नहीं बनने देना चाहिए। कलाकारों को पश्चिम से या अनेक अन्य श्रोतों से ज्ञान व दक्षता अपनाने के लिये बढ़ावा देना चाहिए। जिससे उनकी कला समृद्ध हो। श्री बोस, जिन्होंने कलकत्ता कला विद्यालय से शिक्षा प्राप्त की और श्री हावेल तथा श्री अविनेन्द्रनाथ के विद्यार्थी रहे, ने इस चुनौती को सहर्ष स्वीकार किया। शांति निकेतन में कला विभाग का खुलना भारतीय कला के क्षेत्र में निर्णायक कदम साबित हुआ। 1929 में, सत्तर वर्ष की आयु में श्री रविन्द्रनाथ जो कि शब्दों के महान शिल्पी रहे, ने चित्रकला को अपनाया। कला के इतिहास में शायद ही हुआ हो जब श्री टैगोर, जैसे महान कल्पनाशील व्यक्ति अपने जीवन की संध्या बेला में, रोचक मस्तिष्क और व्यथित हृदय की गहराइयों से विचारों को आश्चर्यजनक चित्रों के रूप में अभिव्यक्त किया हो। जिस साल टैगोर अपने अध्ययन कक्ष में चित्रकारी कर रहे थे उसी साल एक सिक्ख परिवार की सोलह साल की सुन्दर बेटी अमृता शेर गिल अपनी हंगेरियन मां के साथ पेरिस में कला की शिक्षा पाने फ्रांस गई। शेर गिल 1934 में भारत लौटी और शिमला में रहने लगी और चित्रकारी की।

1947, कला के क्षेत्र में एक मोड़

अगर कोई ऐसा समय निश्चित करना चाहे जब आधुनिक भारतीय कला ने विकास की छलांग लगायी, तो यह 1947 का साल ही होगा। 1947, जब अंग्रेज परिवार ने भारत की आजादी स्वीकार की। 1947 को कला के क्षेत्र में मोड़ का साल किसी राजनैतिक कारण से नहीं कहा गया बल्कि इस साल गोवा में 1924 में जन्में श्री एफ.एन. सोजा ने विकासशील कलाकारों के समूह की स्थापना मुंबई में की। इसके पांच अन्य सदस्य थे, एम.एफ. हुसैन (ज.1915), के.एच. आरा (1914-85), एच.ए. गोडे (ज. 1917), एस.के. बक्रे (ज.1920) और एस.एच. रजा (ज.1922)

हालांकि बाद में हुसैन ने बहुत ऊंचाई हासिल की और इस समूह के मुख्य कलाकार साबित हुए, फिर भी समूह की स्थापना के समय नौजवान सोजा की सूझबूझ और हिम्मत ने इस समूह को आगे बढ़ाया। इस समूह ने अधिकांश जाने-माने कलाकारों की कृत्तियों को, जिनमें श्री रविन्द्रनाथ टैगोर और शेरगिल भी शामिल हैं, अस्वीकार किया। यह समूह अपने कार्य को व्यापक बनाना चाहता था और दुनिया में कहीं भी होने वाले विकास से जुड़कर अपनी कृतियों को तत्कालीन विश्वव्यापी पहचान देना चाहता था। पर अपने अति उत्साह में वे भूल गये कि उस समय के भीषण विनाशकारी युद्ध की पीड़ा और व्यथा यूरोप के किसी कोने में आधुनिक कला का बीज बो रही है। 1947 में भारत ने भी इस तरह की पीड़ा झेली जब अत्यंत निर्दयता पूर्वक देश बंटवारा हुआ और पाकिस्तान बना।

प्राथमिकताओं में बदलाव

PAG विकासशील कलाकारों के समूह के बाद भी नये प्रयोग करने की और अपनी पहचान बनाने की चाहत बनी रही, पर अब इस चाह ने अलग पहचान बनाने का मोड़ ले लिया। 1960 तक भारतीय कलाकार अपराध बोध या दबाव से बाहर निकल चुके थे। यह बदलाव का समय था। यह माध्यम, मार्शल मैकहुन के अनुसार संदेशवाहक बन चुका था। भारत में कोई खास बड़ी बात नहीं हुई पर एक शांत आंदोलन जरुर शुरू हुआ, जिससे व्यक्तिगत शैली को बढ़ावा मिला और नये कलाकारों का नये विचारों को मौका मिला। इस तरह जो नये कलाकार उभर कर आये वे हैं:- सतीश गुजराल (ज.1925), तयाब मेहता (ज.1925), कृष्णन खन्ना (ज.1925), राम कुमार (ज.1924), अकबर पद्मशी (ज.1928), लक्ष्मण पाई (ज.1926), जहांगीर सबावाला (ज.1922), वी.एस. गोईतोण्डे (ज.1924) तथा कई और।

नई दिशायें

प्रयोग करना कला की जान है। पश्चिमी कलाकार हमेशा से नये प्रयोगों के लिए जाने जाते रहे। इस तरह का एक प्रयोग था ABSTRACTION

अवास्तविकता/काल्पनिकता। भारतीय कलाकारों ने अवास्तविकता/काल्पनिकता को गंभीरता से नहीं लिया। यद्यपि यहां की परंपरा हमेशा से अवास्तविकता/ काल्पनिकता में रही है। इसका उदाहरण हमेशा नयापन लिये इस्लामी हस्तलिपी, फुलकारी और रेखा गणितिय चित्रों में मिलता है जो ताजमहल जैसे महान स्मारक में देखे जा सकते हें। हुसैन ने एक बार कहा कि मैं कैसे अवास्तविक/काल्पनिक हो सकता हूँ जब कि मेरे चारों तरफ सौ करोड़ लोगों की वास्तविकता मौजूद है। शायद, अनजाने ही, उन्होंने यह बात उन अनेक भारतीय कलाकरों की ओर से कही, जो विश्वयुद्ध के बाद के यूरोपिय और अमेरिकी अवास्तविक/काल्पनिक कला के विकास को देखकर विचारों में खो जाते थे।

1960 तथा 1970 के दशक में, जैसे कि सब की अन्र्तआत्मा की सामूहिक जरुरत हो, कि हमें करोड़ों भारतीयों के साथ रहना है, कलाकारों ने निश्चयपूर्वक मानव चित्रकारी का रास्ता चुना। उनका अन्दरुनी विश्वास था कि हमारा भविष्य इसी दिशा में हैं, जिससे वे कभी अलग नहीं हुए।

समकालीन भारतीय कला का भविष्य

1990 के दशक में मुक्त अर्थव्यवस्था के आने से नया बदलाव आया। इसका प्रभाव धीरे-धीरे भारत के अन्य क्षेत्रों में फैलने लगा। कला के क्षेत्र में इसका परिणाम बहुत उत्साहजनक उत्थान के रूप में हुआ। समकालीन कलाकृतियां पहले से कहीं अधिक बिकने लगीं। इस उत्साहजनक माहौल ने कई-नई कला दीर्घाओं के निर्माण में मदद की। इनमें से प्रमुख हैं, दिल्ली में वडेरा गैलरी, कलकत्ता के CIMA में राखी सरकार, मुंबई में पुंडोले गैलरी।

अंतर्राष्ट्रीय क्षेत्र में भी समकालीन भारतीय कला की मांग बढ़ने लगी। 1982 में इंगलैण्ड में आयोजित बहुत बड़ा "भारत-उत्सव" के दौरान रायल अकादमी में प्रदर्शनी के जरिये भारतीय समकालीन कला का परिचय पश्चिम से हुआ। तब से ऐसी कई प्रदर्शनी का आयोजन हुआ है।

अपने देश में इन सफलताओं से उत्साहित और अनुप्राणित, रचनात्मक तथा व्यवसायी कलाकार, लगातार प्रयोग कर रहे हैं। उत्थान व विकास कर

रहे हैं। इस तरह समकालीन भारतीय कला को बहुत उत्साहजनक माहौल दे रहे हैं। इक्कीसवीं सदी के इस आशावादी माहौल में भारत के प्रतिभाशाली मेधावी कलाकार आगे बढ़ रहे हैं।

संदर्भ ग्रंथ सूची

1. आधुनिक भारत की कला, बलराज खन्ना व अजीज खुर्था, थेम्ज व हडसन, 1998
2. समकालीन भारतीय मूर्तिकला-मद्रास की उपमा, आक्सफोर्ड विश्वविद्यालय प्रेस, 1993
3. यू. विकलमान व एन. ऐजिकिल, आज के कलाकार, मार्ग प्रकाशन, मुम्बई, 1984
4. गोस्वामी, बी.एन. भारतीय कला का सार, एशिया कला संग्राहलय, सेनफ्रान्सिसको, 1986
5. कपूर, गीता व हुसैन, समकालीन भारतीय कलाकार, वाकित्स, मुम्बई, 1968
6. मुखर्जी, अजीत, भारत में आधुनिक कला, आक्सफोर्ड व कलकत्ता।

सहायक ग्रन्थ सूची

1. बृहस्पति, डॉ. कैलाशचन्द्रदेव (1956) भरत का संगीत सिद्धांत, सूचना विभाग, उत्तर प्रदेश।
2. श्रीवास्तव, डॉ. धर्मावती (1967) प्राचीन भारत में संगीत, भारतीय विद्या प्रकाशन, वाराणसी।
3. परांजपे, डॉ. शरचन्द्र श्रीधर (1969) भारतीय संगीत का इतिहास, चौखम्बा प्रकाशन, वाराणसी।
4. अहोबल (1971) संगीत पारिजात, संगीत कार्यालय हाथरस, उत्तर प्रदेश।
5. चक्रवर्ती, डॉ. इन्द्राणी (1988) संगीत मंजुषा, मित्तल पब्लिकेशन दिल्ली।
6. मलिक भीमसिंह, हरियाणा के लोक गीत 1981
7. हंस, उदयभानु, हरियाणा की गौरव गाथा-1981
8. हरियाणा, नादान, हरियाणा लोक संगीत संग्रह-1962
9. शर्मा, डॉ. पूर्णचन्द्र, हरियाणा की लोकधर्मी नाट्य परम्परा का आलोचनात्मक अध्यन 1983
10. भारतीय संगीत वाद्य : डा. लालमणि मिश्र, भारतीय ज्ञानपीठ प्रकाशन, नई दिल्ली, 1973
11. स्वर और रागों के विकास में वाद्यों का योगदान : डॉ. इन्द्राणी चक्रवर्ती, चौखम्भा ओरियन्टालिया, वाराणसी 1979
12. संगीत चिन्तामणि: आचार्य बृहस्पति एवं श्रीमती सुमित्रा, लक्ष्मीनारायण गर्ग, संगीत कार्यालय हाथरस, उत्तर प्रदेश।

13. श्रुति वीणाः डॉ. लालमणि मिश्र 1964
14. सराफ, डॉ. रमा, भारतीय संगीत सरिता, विद्यानिधि प्रकाशन, खजूरी खास, दिल्ली–2003
15. परांजपे, डॉ. शरचन्द्र श्रीधर, संगीत बोध मध्य प्रदेश, हिन्दी ग्रन्थ अकादमी, भोपाल 1980
16. ध्वनि और संगीत, ललित किशोर सिंह, भारतीय ज्ञानपीठ, दिल्ली 1971
17. भारतीय संगीत का इतिहास, उमेश जोशी 1978
18. मुसलमान और भारतीय संगीतः आचार्य बृहस्पति, रामकमल प्रकाशन, दिल्ली 1974
19. संगीत शास्त्र पराग, गोविन्द राव राजुरकर, राजस्थान हिन्दी ग्रन्थ अकादमी, जयपुर 1982
20. हमारे संगीत रत्नः लक्ष्मी नारायण गर्ग, संगीत कार्यालय हाथरस 1978
21. भारत के लोक नृत्यः– डॉ. श्याम परमार, राजपाल एंड संस, दिल्ली 1974
22. आध्यात्मिकता और हरियाणवी संस्कृति बोध, डॉ. रामकुमार भारद्वाज, चिन्ता प्रकाशन, पिलानी 1981
23. हरियाणा का इतिहासः के.सी. यादव, मैकमिलन इंडिया लिमिटेड, नई दिल्ली 1981
24. लोक गीतों का संगीत : पक्ष, महेश नारायण सक्सेना, लोक संगीत अंक, जनवरी 1966
25. लोक और भारतीय संगीत : सुमित्रा आनन्द पाल सिंह, संगीत, जनवरी 1966
26. कुलदीप, लोक गीतों का विकासात्मक अध्यन, दिल्ली, प्रगति प्रकाशन 1972